»Wie herrlich leuchtet mir die Natur!« Das Aufatmen der Natur, den Genuss der Frühlingsluft und die Rückkehr der Farben wie des Lichts hat Goethe intensiv erlebt – und beschrieben. Das Erblühen der Landschaft korrespondiert in seinen literarischen und persönlichen Texten mit dem Erwachen der Gefühle, mit Befreiung und Belebung, wie sie Werther und Faust erfahren. Hinzu kommt, besonders in der Lyrik, die Entdeckung einer neuen Sprache.

Mathias Mayer ist Literaturwissenschaftler an der Universität Augsburg.

Johann Wolfgang Goethe, am 28. August 1749 in Frankfurt am Main geboren, starb am 22. März 1832 in Weimar. Er gilt als der sprachmächtigste Autor der deutschen Literatur. Zu seinen Hauptwerken zählen neben der Lyrik u. a. »Die Leiden des jungen Werthers«, »Iphigenie auf Tauris«, »Wilhelm Meisters Lehr- und Wanderjahre«, »Faust«, die »Farbenlehre« sowie die Autobiographie »Dichtung und Wahrheit«.

Im insel taschenbuch liegen von Johann Wolfgang Goethe auch die folgenden Jahreszeitenbände vor: *Herbst* (it 4607), *Winter* (it 4608), *Sommer* (it 4634).

insel taschenbuch 4633
Johann Wolfgang Goethe
Frühling

Johann Wolfgang Goethe
FRÜHLING

Herausgegeben von Mathias Mayer
und Gisela Barth

Insel Verlag

Erste Auflage 2018
insel taschenbuch 4633
Originalausgabe
© Insel Verlag Berlin 2018
Vertrieb durch den Suhrkamp Taschenbuch Verlag
Umschlag: hißmann, heilmann,hamburg
Umschlagabbildung: Maria Geertruida Snabilie, *Fliederzweig*, um 1800.
Rijksmuseum, Amsterdam
Satz: Satz-Offizin Hümmer GmbH, Waldbüttelbrunn
Druck: CPI – Ebner & Spiegel, Ulm
Printed in Germany
ISBN 978-3-458-36333-0

Frühjahr in Frankfurt und Straßburg

Frankfurt, 1. Juni 1769
An Käthchen Schönkopf

Das Schreiben wird mir sauer, besonders an Sie. Wenn Sie es nicht aparte befehlen so kriegen Sie keinen Brief wieder vor dem October. Denn meine liebe Freundinn ob Sie mich gleich Ihren lieben Freund und manchmal Ihren besten Freund nennen, so ist doch um den besten Freund immer ein langweilig Ding. Kein Mensch mag eingemachte Bohnen solang man frische haben kann. Frische Hechte sind immer die besten, aber wenn man fürchtet dass sie gar verderben mögen, so salzt man sie ein, besonders wenn man sie verführen will. Es muss Ihnen doch komisch vorkommen wenn Sie an all die Liebhaber dencken, die sie mit Freundschafft eingesalzen haben, grose und kleine, krumme und grade, ich muß selbst lachen wenn ich dran dencke. Doch Sie müssen die Correspondenz mit mir nicht ganz abbrechen, für einen Pöckling binn ich doch immer noch artig genug.

Apropos dass ich's nicht vergesse, da schicke ich Ihnen was, machen Sie mit was Sie wollen, entweder für Sie auf den Kopf, oder für jemand anders um die Hände. Das Halstuch und der Fächer sind noch nicht um einen Fingerbreit weiter. Sehen Sie, ich binn aufrichtig, wenn ich was mahlen will so bleibt mir's im Halse stecken. Nur in Frühlingstagen schneiden Schäfer in die Bäume, nur in der Blumenzeit bindet man Kränze, verzeihen Sie mir, die Erinnerung ist mir zu traurig, wenn ich das für Sie thun soll was ich gethan habe ohne mehr zu seyn als ich binn.

Ich habe Ihnen immer gesagt dass mein Schicksal von dem Ihrigen abhängt. Sie werden vielleicht bald sehn wie wahr ich geredet habe, vielleicht hören Sie bald eine Nachricht die Sie nicht vermuthen. Grüßen Sie Ihre lieben Eltern, und wer zu

Ihrer Familie gehört. Empfelen Sie mich dem Obereinnehmer. Ich binn so viel als möglich

Ihr ergebenster Freund
G.

FA II.1, S. 168f.

Aus »Dichtung und Wahrheit«
Viertes Buch

Manchen ähnlichen Auftrag erhielt ich denn auch, um bei den Malern bestellte Bilder zu betreiben. Mein Vater hatte bei sich den Begriff festgesetzt, und wenig Menschen waren davon frei, daß ein Bild auf Holz gemalt einen großen Vorzug vor einem andern habe, das nur auf Leinwand aufgetragen sei. Gute eichene Bretter von jeder Form zu besitzen, war deswegen meines Vaters große Sorgfalt, indem er wohl wußte, daß die leichtsinnigern Künstler sich gerade in dieser wichtigen Sache auf den Tischer verließen. Die ältesten Bohlen wurden aufgesucht, der Tischer mußte mit Leimen, Hobeln und Zurichten derselben aufs genauste zu Werke gehen, und dann blieben sie Jahre lang in einem obern Zimmer verwahrt, wo sie genugsam austrocknen konnten. Ein solches köstliches Brett ward dem Maler *Junker* anvertraut, der einen verzierten Blumentopf mit den bedeutendsten Blumen nach der Natur in seiner künstlichen und zierlichen Weise darauf darstellen sollte. Es war gerade im Frühling, und ich versäumte nicht, ihm wöchentlich einige Mal die schönsten Blumen zu bringen die mir unter die Hand kamen; welche er denn auch sogleich einschaltete, und das Ganze nach und nach aus diesen Elementen auf das treulichste und fleißigste zusammenbildete. Gelegentlich hatte ich auch wohl einmal eine Maus gefangen, die ich ihm brachte, und die er als ein gar so zierliches Tier nachzubilden Lust hatte, auch sie wirklich aufs genauste vorstellte, wie sie am Fuße des Blumentopfes eine Kornähre benascht. Mehr dergleichen unschuldige Naturgegenstände, als Schmetterlinge und Käfer, wurden herbeigeschafft und dargestellt, so daß zuletzt, was Nachahmung und Ausführung betraf, ein höchst schätzbares Bild beisammen war.

FA I.14, S. 169 f.

Bettina Brentano an Goethe
24. November 1810

Laß mich Dir noch erzählen, daß Dein Großvater zum Gedächtnis Deiner Geburt einen Birnbaum in dem wohlgepflegten Garten vor dem Bockenheimer Tor gepflanzt hat, der Baum ist sehr groß geworden, von seinen Früchten, die köstlich sind, hab' ich gegessen und – Du würdest mich auslachen, wenn ich Dir alles sagen wollte. Es war ein schöner Frühling, sonnig und warm, der junge hochstämmige Birnbaum war über und über bedeckt mit Blüten, nun war's, glaub' ich, am Geburtstag der Mutter, da schafften die Kinder den grünen Sessel, auf dem sie abends, wenn sie erzählte, zu sitzen pflegte, und der darum der Märchensessel genannt wurde, in aller Stille in den Garten, putzten ihn auf mit Bändern und Blumen, und nachdem Gäste und Verwandte sich versammelt hatten, trat der Wolfgang als Schäfer gekleidet mit einer Hirtentasche, aus der eine Rolle mit goldnen Buchstaben herabhing, mit einem grünen Kranz auf dem Kopf unter den Birnbaum und hielt eine Anrede an den Sessel, als den Sitz der schönen Märchen, es war eine große Freude, den schönen bekränzten Knaben unter den blühenden Zweigen zu sehen, wie er im Feuer der Rede, welche er mit großer Zuversicht hielt, aufbrauste. Der zweite Teil dieses schönen Festes bestand in Seifenblasen, die im Sonnenschein, von Kindern, welche den Märchenstuhl umkreisten, in die heitere Luft gehaucht, von Zephir aufgenommen und schwebend hin und her geweht wurden; sooft eine Blase auf den gefeierten Stuhl sank, schrie alles: »Ein Märchen! ein Märchen!« Wenn die Blase, von der krausen Wolle des Tuches eine Weile gehalten, endlich platzte, schrien sie wieder: »Das Märchen platzt.« Die Nachbarsleute in den angrenzenden Gärten guckten über Mauer und Verzäunung und nahmen den lebhaftesten Anteil an diesem großen Jubel, so daß dies kleine Fest am Abend in der ganzen Stadt bekannt war. Die Stadt hat's vergessen, die Mutter hat's behalten und es sich später oft als eine Weissagung Deiner Zukunft ausgelegt.

GG I, S. 20

Mailied

Wie herrlich leuchtet
Mir die Natur!
Wie glänzt die Sonne!
Wie lacht die Flur!

Es dringen Blüten
Aus jedem Zweig,
Und tausend Stimmen
Aus dem Gesträuch,

Und Freud' und Wonne
Aus jeder Brust.
O Erd'! o Sonne!
O Glück! o Lust!

O Lieb'! o Liebe!
So golden-schön,
Wie Morgenwolken
Auf jenen Höhn!

Du segnest herrlich
Das frische Feld,
Im Blütendampfe
Die volle Welt.

O Mädchen, Mädchen,
Wie lieb' ich dich!
Wie blickt dein Auge!
Wie liebst du mich!

So liebt die Lerche
Gesang und Luft,
Und Morgenblumen
Den Himmelsduft,

Wie ich dich liebe
Mit warmen Blut,
Die du mir Jugend
Und Freud' und Mut

Zu neuen Liedern
Und Tänzen gibst.
Sei ewig glücklich,
Wie du mich liebst!

FA I.1, S. 287-289

Straßburg, 19. Juni 1771
An Johann Daniel Salzmann

Nun wär es wohl bald Zeit dass ich käme, ich will auch, und will auch, aber was will das Wollen gegen die Gesichter um mich herum. Der Zustand meines Herzens ist sonderbaar, und meine Gesundheit schwanckt wie gewöhnlich durch die Welt, die so schön ist als ich sie lang nicht gesehen habe. Die angenehmste Gegend, Leute die mich lieben, ein Zirckel von Freuden! Sind nicht die Träume deiner Kindheit alle erfüllt? frag ich mich manchmal, wenn sich mein Aug in diesem Horizont von Glückseeligkeiten herumweidet; Sind das nicht die Feengärten nach denen du dich sehntest? – Sie sinds, Sie sind s! Ich fühl es lieber Freund, und fühle dass mann um kein Haar glücklicher ist wenn man erlangt was man wünschte. Die Zugabe! die Zugabe! die uns das Schicksaal zu ieder Glückseeligkeit drein wiegt! Lieber Freund, es gehört viel Muth dazu, in der Welt nicht missmutig zu werden. Als Knab pflanzt ich ein

14

Kirschbäumgen im Spielen, es wuchs und ich hatte die Freude es blühen zu sehen, ein Mayfrost verderbte die Freude mit der Blüte, und ich musste ein Jahr warten, da wurden sie schön und reif; aber die Vögel hatten den grössten Theil gefressen eh ich eine Kirsche versucht hatte, ein ander Jahr warens die Raupen, dann ein genäschiger Nachbaar, dann das Meelthau; und doch wenn ich Meister über einen Garten werde, pflanz ich doch wieder Kirschbaumle, trotz allen Unglücksfällen gibts noch so viel Obst dass man satt wird; ich weiss noch eine schöne Geschichte von einem Rosenheckgen die meinem seeligen Grossvater passirt ist, und die wohl etwas erbaulicher als die Kirschbaumshistorie, die ich nicht anfangen mag, weil es schon spät ist.

FA II.1, S. 230f.

Aus »Dichtung und Wahrheit«
Neuntes Buch

Im Frühjahre fühlte ich meine Gesundheit, noch mehr aber meinen jugendlichen Mut wieder hergestellt, und sehnte mich abermals aus meinem väterlichen Hause, obgleich aus ganz andern Ursachen als das erste Mal: denn es waren mir diese hübschen Zimmer und Räume, wo ich so viel gelitten hatte, unerfreulich geworden, und mit dem Vater selbst konnte sich kein angenehmes Verhältnis anknüpfen; ich konnte ihm nicht ganz verzeihen, daß er, bei den Rezidiven meiner Krankheit und bei dem langsamen Genesen, mehr Ungeduld als billig sehen lassen, ja daß er, anstatt durch Nachsicht mich zu trösten, sich oft auf eine grausame Weise über das was in keines Menschen Hand lag, geäußert, als wenn es nur vom Willen abhinge. Aber auch er ward auf mancherlei Weise durch mich verletzt und beleidigt.

FA I.14, S. 387f.

Aus »Stella« (1. Fassung), 2. Akt

MADAME SOMMER Doch gnädige Frau! Diese Reise in den Frühlingstagen, die abwechselnde Gegenstände, und diese reine segensvolle Luft die sich schon so oft für mich mit neuer Erquickung gefüllt hat, das würkte alles auf mich so gut, so freundlich, daß selbst die Erinnerung abgeschiedener Freuden, mir ein angenehmes Gefühl wurde, ich einen Widerschein der goldenen Zeiten der Jugend, und Liebe in meiner Seele aufdämmern sah.

STELLA Ja die Tage! die ersten Tage der Liebe! – Nein du bist nicht zum Himmel zurückgekehrt goldne Zeit! du umgibst noch jedes Herz, in den Momenten da sich die Blüte der Liebe erschließt.

FA I.4, S. 545

Frankfurt, 9. April 1773
An Johanna Fahlmer

Einen so hohen heiligen Morgen haben wir noch dies Jahr nicht erlebt. Wie ich ans Fenster sprang und die Vöglein hörte und den Mandelbaum blühen sah und die Hecken alle grün unter dem herrlichen Himmel, konnt ich Ihnen liebe Tante liebe Nichte, länger nicht vorenthalten, warmer Jugend gute Frühlings Empfindungen, daran Sie Sich denn erbauen werden, an dem heiligen Leben, mehr als am heiligen Grabe, hoff ich. Dass Sie gestern nicht mit mir gingen, mögen Sie sich selbst verzeihen. Gott geb uns mehr solche Tage als den heutigen und bewahr uns vor Reifenröcken, Triset, Reversino und allem Zähnklappen. Addio.

FA II.1, S. 298

Frankfurt, 17. Februar 1775
An Gottfried August Bürger

Gott seegne dich lieber Bruder mit deinem Weibe, und wenn du an ihrem Herzen wohnst, dencke mein und fühl dass ich dich liebe. Von meinen Verworrenheiten ist schweer was zu sagen, fleisig war ich eben nicht zeither. Die Frühlingslufft, die so manchmal schon da über die Gärten herweht, arbeitet wieder an meinem Herzen, und ich hoffe es löst sich aus dem Gewürge wieder was ab. Habe lieb was von mir kommt. Du bist immer bey mir, auch schweigend wie zeither. Deine Europa und Raubgraf sind sehr unter uns. Ade. Franckf. d. 17 Febr. 1775.

Goethe.

FA II.1, S. 432

Der Frühling als Orakel und Ordnung

Aus »Die Wahlverwandtschaften«
Zweiter Teil, 9. Kapitel.
Aus Ottiliens Tagebuch

»So wiederholt sich denn abermals das Jahresmärchen von vorn. Wir sind nun wieder, Gott sei Dank! an seinem artigsten Kapitel. Veilchen und Maiblumen sind wie Überschriften oder Vignetten dazu. Es macht uns immer einen angenehmen Eindruck, wenn wir sie in dem Buche des Lebens wieder aufschlagen.«

FA I.8, S. 462

Frühlingsorakel

Du prophet'scher Vogel du,
Blütensänger, o! Coucou!
Bitten eines jungen Paares,
In der schönsten Zeit des Jahres,
Höre, liebster Vogel du,
Kann es hoffen; ruf ihm zu:
Dein Coucou, dein Coucou,
Immer mehr Coucou, Coucou.

Hörst du! ein verliebtes Paar
Sehnt sich herzlich zum Altar;
Und es ist, bei seiner Jugend,
Voller Treue, voller Tugend.
Ist die Stunde denn noch nicht voll?
Sage, wie lange es warten soll?

Horch! Coucou! Horch! Coucou!
Immer stille! Nichts hinzu!

Ist es doch nicht unsre Schuld!
Nur zwei Jahre noch Geduld!
Aber, wenn wir uns genommen,
Werden Pa, pa, papas kommen?
Wisse, daß du uns erfreust,
Wenn du viele prophezeist.
Eins! Coucou! Zwei! Coucou!
Immer weiter Coucou, Coucou, Cou.

Haben wir wohl recht gezählt;
Wenig am Halbdutzend fehlt.
Wenn wir gute Worte geben;
Sagst du wohl, wie lang wir leben?
Freilich, wir gestehen dir's,
Gern zum längsten trieben wir's.
Cou Coucou, Cou Coucou,
Cou, Cou, Cou, Cou, Cou, Cou, Cou, Cou, Cou.

Leben ist ein großes Fest,
Wenn sich's nicht berechnen läßt.
Sind wir nun zusammen blieben;
Bleibt denn auch das treue Lieben?
Könnte das zu Ende gehn;
Wär' doch Alles nicht mehr schön.
Cou Coucou, Cou Coucou:|:
Cou, Cou, Cou, Cou, Cou, Cou, Cou, Cou, Cou.
    (Mit Grazie in infinitum.)

FA I.2, S. 73f.

9. April 1781
An Johann Kaspar Lavater

Die Nächste Wochen des Frühlings sind mir sehr geseegnet ieden Morgen empfängt mich eine neue Blume und Knospe. Die stille, reine, immer wiederkehrende, Leidenlose Vegetation, tröstet mich offt über der Menschen Noth, ihre moralischen noch mehr phisischen Übel.

WA IV.5, S. 109

Ilmenau, 17. April 1782
An Karl Ludwig von Knebel

So steig ich durch alle Stände aufwärts, sehe den Bauersman der Erde das Nothdürftige abfordern, das doch auch ein behäglich auskommen wäre, wenn er nur für sich schwizte. Du weißt aber wenn die Blattläuse auf den Rosenzweigen sitzen und sich hübsch dick und grün gesogen haben, dann kommen die Ameisen und saugen ihnen den filtrirten Safft aus den Leibern. Und so gehts weiter, und wir habens so weit gebracht, daß oben immer in einem Tage mehr verzehrt wird, als unten in einem $\left\{\begin{array}{l}\text{organisirt}\\\text{beygebracht}\end{array}\right.$ werden kann.

FA II.2, S. 418

März

Es ist ein Schnee gefallen,
Denn es ist noch nicht Zeit
Daß von den Blümlein allen,
Daß von den Blümlein allen
Wir werden hoch erfreut.

Der Sonnenblick betrüget
Mit mildem falschem Schein,
Die Schwalbe selber lüget,
Die Schwalbe selber lüget,
Warum? Sie kommt allein!

Sollt' ich mich einzeln freuen,
Wenn auch der Frühling nah?
Doch kommen wir zu zweien
Doch kommen wir zu zweien,
Gleich ist der Sommer da.

April

Augen sagt mir, sagt was sagt ihr?
Denn ihr sagt was gar zu Schönes,
Gar des lieblichen Getönes;
Und in gleichem Sinne fragt ihr.

Doch ich glaub' euch zu erfassen:
Hinter dieser Augen Klarheit
Ruht ein Herz in Lieb' und Wahrheit
Jetzt sich selber überlassen,

Dem es wohl behagen müßte,
Unter so viel stumpfen, blinden,
Endlich einen Blick zu finden
Der es auch zu schätzen wüßte.

Und indem ich diese Chiffern
Mich versenke zu studieren,
Laßt euch ebenfalls verführen
Meine Blicke zu entziffern!

Mai

Leichte Silberwolken schweben
Durch die erst erwärmten Lüfte,
Mild, von Schimmer sanft umgeben,
Blickt die Sonne durch die Düfte;
Leise wallt und drängt die Welle
Sich am reichen Ufer hin,
Und wie reingewaschen helle,
Schwankend hin und her und hin,
Spiegelt sich das junge Grün.

Still ist Luft und Lüftchen stille;
Was bewegt mir das Gezweige?
Schwüle Liebe dieser Fülle,
Von den Bäumen durch's Gesträuche.
Nun der Blick auf einmal helle,
Sieh! der Bübchen Flatterschar,
Das bewegt und regt so schnelle,
Wie der Morgen sie gebar,
Flügelhaft sich Paar und Paar.

Fangen an das Dach zu flechten; –
Wer bedürfte dieser Hütte?
Und wie Zimmrer, die gerechten,
Bank und Tischchen in der Mitte!
Und so bin ich noch verwundert,
Sonne sinkt, ich fühl' es kaum;
Und nun führen aber hundert
Mir das Liebchen in den Raum,
Tag und Abend, welch ein Traum!

Juni

Hinter jenem Berge wohnt
Sie, die meine Liebe lohnt.
Sage, Berg, was ist denn das?
Ist mir doch als wärst du Glas,

Und ich wär' nicht weit davon;
Denn sie kommt, ich seh' es schon,
Traurig, denn ich bin nicht da,
Lächelnd, ja, sie weiß es ja!

Nun stellt sich dazwischen
Ein kühles Tal mit leichten Büschen,
Bächen, Wiesen und dergleichen,
Mühlen und Rändern, den schönsten Zeichen
Daß da gleich wird eine Fläche kommen,
Weite Felder unbeklommen.
Und so immer, immer heraus,
Bis mir an Garten und Haus!

Aber wie geschicht's?
Freut mich das alles nicht –
Freute mich des Gesichts
Und der zwei Äuglein Glanz,
Freute mich des leichten Gangs,
Und wie ich sie seh'
Vom Zopf zur Zeh!

Sie ist fort, ich bin hier,
Ich bin weg, bin bei ihr.

Wandelt sie auf schroffen Hügeln,
Eilet sie das Tal entlang,
Da erklingt es wie mit Flügeln,
Da bewegt sich's wie Gesang.

Und auf diese Jugendfülle,
Dieser Glieder frohe Pracht
Harret einer in der Stille,
Den sie einzig glücklich macht.

Liebe steht ihr gar zu schön,
Schönres hab' ich nie gesehn!
Bricht ihr doch ein Blumenflor
Aus dem Herzen leicht hervor.

Denk ich: soll es doch so sein!
Das erquickt mir Mark und Bein;
Wähn' ich wohl, wenn sie mich liebt,
Daß es noch was beßres gibt?

Und noch schöner ist die Braut,
Wenn sie sich mir ganz vertraut,
Wenn sie spricht und mir erzählt,
Was sie freut und was sie quält.

Wie's ihr ist und wie's ihr war,
Kenn' ich sie doch ganz und gar.
Wer gewänn' an Seel' und Leib
Solch ein Kind und solch ein Weib!

FA I.2, S. 465-469

Vier Jahrszeiten

Alle Viere mehr und minder,
Necken wie die hübschen Kinder.

Frühling

1

Auf, ihr Distichen, frisch! Ihr muntern, lebendigen Knaben!
Reich ist Garten und Feld! Blumen zum Kranze herbei!

2

Reich ist an Blumen die Flur; doch einige sind nur dem Auge,
Andre dem Herzen nur schön; wähle dir, Leser, nun selbst!

3

Rosenknospe, du bist dem blühenden Mädchen gewidmet,
Die als die Herrlichste sich, als die Bescheidenste zeigt.

4

Viele der Veilchen zusammen geknüpft, das Sträußchen
            erscheinet
 Erst als Blume; du bist, häusliches Mädchen, gemeint.

5

Eine kannt' ich, sie war wie die Lilie schlank, und ihr Stolz war
 Unschuld; herrlicher hat Salomo keine gesehn.

6

Schön erhebt sich der Aglei, und senkt das Köpfchen herunter.
 Ist es Gefühl? oder ist's Mutwill? Ihr ratet es nicht.

7

Viele duftende Glocken, o Hyacinthe, bewegst du;
 Aber die Glocken ziehn, wie die Gerüche, nicht an.

8

Nachtviole, dich geht man am blendenden Tage vorüber;
 Doch bei der Nachtigall Schlag hauchest du köstlichen
            Geist.

9

Tuberose, du ragest hervor und ergetzest im Freien;
 Aber bleibe vom Haupt, bleibe vom Herzen mir fern!

10

Fern erblick' ich den Mohn; er glüht. Doch komm' ich dir
            näher,
 Ach! so seh ich zu bald, daß du die Rose nur lügst.

11

Tulpen, ihr werdet gescholten von sentimentalischen
                                   Kennern;
  Aber ein lustiger Sinn wünscht auch ein lustiges Blatt.

12

Nelken, wie find' ich euch schön! Doch alle gleicht ihr
                                  einander,
  Unterscheidet euch kaum, und ich entscheide mich nicht.

13

Prangt mit den Farben Aurorens, Ranunkeln, Tulpen und
                                  Astern!
  Hier ist ein dunkles Blatt, das euch an Dufte beschämt.

14

Keine lockt mich, Ranunkeln, von euch, und keine begehr' ich;
  Aber im Beete vermischt sieht euch das Auge mit Lust.

15

Sagt! was füllet das Zimmer mit Wohlgerüchen? Reseda,
  Farblos, ohne Gestalt, stilles bescheidenes Kraut.

16

Zierde wärst du der Gärten; doch wo du erscheinest, da sagst
                                  du:
  Ceres streute mich selbst aus, mit der goldenen Saat.

17

Deine liebliche Kleinheit, dein holdes Auge, sie sagen,
  Immer: Vergiß mein nicht! immer: Vergiß nur nicht mein!

Schwänden dem inneren Auge die Bilder sämtlicher Blumen,
Eleonore, dein Bild brächte das Herz sich hervor.

FA I.2, S. 237-239

Aus »Die natürliche Tochter« (V. 1072-1075)

EUGENIE Gefaltet kann die Knospe sich genügen,
So lange sie des Winters Frost umgibt;
Nun schwillt, vom Frühlingshauche, Lebenskraft,
In Blüten bricht sie auf, an Licht und Lüfte.

FA I.6, S. 336

Bauernregeln aus dem »Sankt Rochus-Fest in Bingen«

»Trockner April ist nicht der Bauern Will. – Wenn die Gras-
mücke singt, ehe der Weinstock sproßt; so verkündet es ein
gutes Jahr.«

FA I.16, S. 364

Ihro Kaiserl. Hoheit
Großfürstin Alexandra

Der Frühling grünte zeitig, blühte froh
Narziss' und Tulpe, dann die Rose so;
Auch Früchte reiften mit gedrängtem Segen
Der nah und nähern Sonnenglut entgegen;
Sie zierten wechselnd längst ersehnte Zeit
Und schmeichelten der tiefsten Einsamkeit.
Da stellte sich dem hocherstaunten dar
Ein hehrer Fürst und Jugend Paar um Paar,
So gut als lieb, ehrwürdig und erfreulich;
Der innre Sinn bewahret sie getreulich.
In Frühlings-, Sommer-, Herbst- und Wintertagen
Die holden Bilder auf- und abzutragen;
So kann er dann, bei solcher Sterne Schein,
Auch wenn er wollte, niemals einsam sein.

FA I.2, S. 575

Weimar, 14. April 1820
An Carl Friedrich Zelter

Manches hast du indessen von mir erhalten, gib in diesen Ta-
gen nähere Nachricht. Mich verlangt sehr wieder in's Freie:
denn der vergangene Winter war sehr lästig. Freilich wenn
das Frühjahr eintritt, Märzenglöckchen und Krokus hervor-
brechen, so begreift man kaum wie man in dem Schnee- und
Eiskerker fortexistieren konnte. Bei euch in großen Städten
ist's freilich anders, da ist das Winterleben das lustigste. Nun

gedenke meiner im Guten, wobei ich, um gegen die morali-
sche Weltordnung nicht undankbar zu sein, bekennen muß
daß mir seit einiger Zeit gar manches Gute begegnete.

Das Gleiche wünschend

Weimar den 14. April 1820.   G.

FA II.9, S. 43

Frühzeitiger Frühling

Tage der Wonne
Kommt ihr so bald?
Schenkt mir die Sonne,
Hügel und Wald?

Reichlicher fließen
Bächlein zumal.
Sind es die Wiesen?
Ist es das Tal?

Blauliche Frische!
Himmel und Höh!
Goldene Fische
Wimmeln im See.

Buntes Gefieder
Rauschet im Hain;
Himmlische Lieder
Schallen darein.

Unter des Grünen
Blühender Kraft,
Naschen die Bienen
Summend am Saft.

Leise Bewegung
Bebt in der Luft,
Reizende Regung,
Schläfernder Duft.

Mächtiger rühret
Bald sich ein Hauch,
Doch er verlieret
Gleich sich im Strauch.

Aber zum Busen
Kehrt er zurück.
Helfet, ihr Musen,
Tragen das Glück!

Saget seit gestern,
Wie mir geschah?
Liebliche Schwestern,
Liebchen ist da!

FA I.2, S. 54f.

Weimar, 31. Januar 1823
An Carl Gustav Carus

Möge nach der strengen Kälte die milde Witterung auch Ihnen zu Gute kommen und das bevorstehende Frühjahr in den herrlichen Dresdner Gegenden Ihnen vollkommen genußreich werden. Mein Befinden ist von der Art, daß ich die vergangenen drey Monate zu manchen Arbeiten und Vorarbeiten ununterbrochen benutzen konnte.

WA IV.36, S. 294

Frühling über's Jahr

Das Beet schon lockert
Sich's in die Höh,
Da wanken Glöckchen
So weiß wie Schnee;
Safran entfaltet
Gewalt'ge Glut,
Smaragden keimt es
Und keimt wie Blut.
Primeln stolzieren
So naseweiß,
Schalkhafte Veilchen
Versteckt mit Fleiß;
Was auch noch alles
Da regt und webt,
Genug der Frühling
Er wirkt und lebt.

Doch was im Garten
Am reichsten blüht,
Das ist des Liebchens
Lieblich Gemüt.
Da glühen Blicke
Mir immerfort,
Erregend Liedchen,
Erheiternd Wort.
Ein immer offen,
Ein Blütenherz,
Im Ernste freundlich
Und rein im Scherz.
Wenn Ros' und Lilie
Der Sommer bringt,
Er doch vergebens
Mit Liebchen ringt.

FA I.2, S. 469f.

Gegen die Teleologen

Da wächs't der Wein wo's Faß ist,
Es regnet gern wo's naß ist,
Zu Tauben fliegt die Taube,
Zur Mutter paßt die Schraube,
Der Stöpsel sucht die Flaschen,
Die Zehrung Reisetaschen,
Weil alles was sich rühret
Am Schluß doch harmonieret.

Denn das ist Gottes wahre Gift
Wenn die Blüte zur Blüte trifft;
Deswegen Jungfern und Junggesellen
Im Frühling sich gar gebärdig stellen.

FA I.2, S.757

An Portales
Weimar, 6. November 1825?

Ist uns Jugendmut entrissen,
Mag zum Troste dann Erfahrung
Sicher leiten zur Bewahrung
Aller, die wir treu uns wissen.
So in jetz'gen Tagen träumen
Wir zurück wohl sonstig Walten
Steter Frühlingswelt uns Alten,
Um in ewig lichten Räumen
Ew'ge Jugend festzuhalten.

FA I.2, S. 809

Werther und Faust

Aus »Die Leiden des jungen Werthers«
(2. Fassung)
Brief vom 4. May (1771)

Übrigens befinde ich mich hier gar wohl, die Einsamkeit ist meinem Herzen köstlicher Balsam in dieser paradiesischen Gegend, und diese Jahrszeit der Jugend wärmt mit aller Fülle mein oft schauderndes Herz. Jeder Baum, jede Hecke ist ein Strauß von Blüthen, und man möchte zum Maykäfer werden, um in dem Meer von Wohlgerüchen herumschweben und alle seine Nahrung darin finden zu können.

Die Stadt selbst ist unangenehm, dagegen rings umher eine unaussprechliche Schönheit der Natur. Das bewog den verstorbenen Grafen von M… seinen Garten auf einem der Hügel anzulegen, die mit der schönsten Mannichfaltigkeit sich kreuzen, und die lieblichsten Thäler bilden. Der Garten ist einfach und man fühlt gleich bey dem Eintritte, daß nicht ein wissenschaftlicher Gärtner, sondern ein fühlendes Herz den Plan gezeichnet, das seiner selbst hier genießen wollte. Schon manche Thräne hab' ich dem Abgeschiedenen in dem verfallenen Cabinetchen geweint, das sein Lieblingsplätzchen war und auch meines ist. Bald werde ich Herr vom Garten seyn; der Gärtner ist mir zugethan, nur seit den paar Tagen, und er wird sich nicht übel dabey befinden.

am 10. May.

Eine wunderbare Heiterkeit hat meine ganze Seele eingenommen, gleich den süßen Frühlingsmorgen, die ich mit ganzem Herzen genieße. Ich bin allein, und freue mich meines Lebens in dieser Gegend die für solche Seelen geschaffen ist wie die meine. Ich bin so glücklich, mein Bester, so ganz in dem Gefühle von ruhigem Daseyn versunken, daß meine Kunst darunter leidet. Ich könnte jetzt nicht zeichnen, nicht einen Strich, und bin nie ein größerer Mahler gewesen als in diesen Augenblicken. Wenn das liebe Thal um mich dampft, und die hohe Sonne an der Oberfläche der undurchdringlichen Finsterniß meines Waldes ruht, und nur einzelne Strahlen sich in das innere Heiligthum stehlen, ich dann im hohen Grase am fallenden Bache liege, und näher an der Erde tausend mannichfaltige Gräschen mir merkwürdig werden; wenn ich das Wimmeln der kleinen Welt zwischen Halmen, die unzähligen, unergründlichen Gestalten der Würmchen, der Mückchen, näher an meinem Herzen fühle, und fühle die Gegenwart des Allmächtigen der uns nach seinem Bilde schuf, das Wehen des Allliebenden, der uns in ewiger Wonne schwebend trägt und erhält; mein Freund! wenn's dann um meine Augen dämmert, und die Welt um mich her und der Himmel ganz in meiner Seele ruhn wie die Gestalt einer Geliebten; dann sehne ich mich oft und denke: ach könntest du das wieder ausdrükken, könntest dem Papiere das einhauchen, was so voll, so warm in dir lebt, daß es würde der Spiegel deiner Seele, wie deine Seele ist der Spiegel des unendlichen Gottes! – Mein Freund – Aber ich gehe darüber zu Grunde, ich erliege unter der Gewalt der Herrlichkeit dieser Erscheinungen.

FA I.8, S. 13 und 15

Aus »Dichtung und Wahrheit«
Dreizehntes Buch (über die Entstehung des »Werther«-Romans)

Jener Ekel vor dem Leben hat seine physischen und seine sittlichen Ursachen, jene wollen wir dem Arzt, diese dem Moralisten zu erforschen überlassen, und bei einer so oft durchgearbeiteten Materie, nur den Hauptpunkt beachten, wo sich jene Erscheinung am deutlichsten ausspricht. Alles Behagen am Leben ist auf eine regelmäßige Wiederkehr der äußeren Dinge gegründet. Der Wechsel von Tag und Nacht, der Jahreszeiten, der Blüten und Früchte, und was uns sonst von Epoche zu Epoche entgegentritt, damit wir es genießen können und sollen, diese sind die eigentlichen Triebfedern des irdischen Lebens. Je offener wir für diese Genüsse sind, desto glücklicher fühlen wir uns; wälzt sich aber die Verschiedenheit dieser Erscheinungen vor uns auf und nieder, ohne daß wir daran Teil nehmen, sind wir gegen so holde Anerbietungen unempfänglich: dann tritt das größte Übel, die schwerste Krankheit ein, man betrachtet das Leben als eine ekelhafte Last. Von einem Engländer wird erzählt, er habe sich aufgehangen, um nicht mehr täglich sich aus- und anzuziehn. Ich kannte einen wackeren Gärtner, den Aufseher einer großen Parkanlage, der einmal mit Verdruß ausrief: soll ich denn immer diese Regenwolken von Abend gegen Morgen ziehen sehn! Man erzählt von einem unserer trefflichsten Männer, er habe mit Verdruß das Frühjahr wieder aufgrünen gesehn, und gewünscht, es möchte zur Abwechselung einmal rot erscheinen. Dieses sind eigentlich die Symptome des Lebensüberdrusses, der nicht selten in den Selbstmord ausläuft, und bei denkenden in sich gekehrten Menschen häufiger war als man glauben kann.

Nichts aber veranlaßt mehr diesen Überdruß, als die Wiederkehr der Liebe. Die erste Liebe, sagt man mit Recht, sei die einzige: denn in der zweiten und durch die zweite geht schon der höchste Sinn der Liebe verloren. Der Begriff des Ewigen und Unendlichen, der sie eigentlich hebt und trägt, ist zerstört, sie erscheint vergänglich wie alles Wiederkehrende. Die Absonderung des Sinnlichen vom Sittlichen, die in der verflochtenen kultivierten Welt die liebenden und begehrenden Empfindungen spaltet, bringt auch hier eine Übertriebenheit hervor, die nichts Gutes stiften kann.

Ferner wird ein junger Mann, wo nicht gerade an sich selbst, doch an andern bald gewahr, daß moralische Epochen eben so gut wie die Jahreszeiten wechseln. Die Gnade der Großen, die Gunst der Gewaltigen, die Förderung der Tätigen, die Neigung der Menge, die Liebe der Einzelnen, alles wandelt auf und nieder, ohne daß wir es festhalten können, so wenig als Sonne, Mond und Sterne; und doch sind diese Dinge nicht bloße Naturereignisse: sie entgehen uns durch eigne oder fremde Schuld, durch Zufall oder Geschick, aber sie wechseln, und wir sind ihrer niemals sicher.

Was aber den fühlenden Jüngling am meisten ängstigt, ist die unaufhaltsame Wiederkehr unserer Fehler: denn wie spät lernen wir einsehen, daß wir, indem wir unsere Tugenden ausbilden, unsere Fehler zugleich mit anbauen. Jene ruhen auf diesen wie auf ihrer Wurzel, und diese verzweigen sich insgeheim eben so stark und so mannigfaltig als jene im offenbaren Lichte. Weil wir nun unsere Tugenden meist mit Willen und Bewußtsein ausüben, von unseren Fehlern aber unbewußt überrascht werden, so machen uns jene selten einige Freude, diese hingegen beständig Not und Qual. Hier liegt der schwerste Punkt der Selbsterkenntnis, der sie beinah unmöglich macht. Denke man sich nun hiezu ein siedend jugendliches Blut, eine durch einzelne Gegenstände leicht zu paralysierende Einbildungskraft, hiezu die schwankenden Bewegungen des Tags, und man wird ein ungeduldiges Streben, sich aus einer solchen Klemme zu befreien, nicht unnatürlich finden.

FA I.14, S. 628-630

In goldnen Frühlings Sonnen Stunden
Lag ich gebunden
An dies Gesicht
In holder Dunkelheit der Sinnen
Konnt ich wohl diesen Traum beginnen
Vollenden nicht.

⟨Und Freude schwebt wie Sternenklang
Uns nur im Traume vor.⟩

FA I.1, S. 725

Aus »Faust. Der Tragödie Erster Teil«
Nacht, V. 737-807:

Glockenklang und Chorgesang

CHOR DER ENGEL
Christ ist erstanden!
Freude dem Sterblichen,
Den die verderblichen,
Schleichenden, erblichen
Mängel umwanden.

FAUST

Welch tiefes Summen, welch ein heller Ton,
Zieht mit Gewalt das Glas von meinem Munde?
Verkündiget ihr dumpfen Glocken schon
Des Osterfestes erste Feierstunde?
Ihr Chöre singt ihr schon den tröstlichen Gesang
Der einst, um Grabes Nacht, von Engelslippen klang,
Gewißheit einem neuen Bunde?

CHOR DER WEIBER

Mit Spezereien
Hatten wir ihn gepflegt,
Wir seine Treuen
Hatten ihn hingelegt;
Tücher und Binden
Reinlich umwanden wir,
Ach! und wir finden
Christ nicht mehr hier.

CHOR DER ENGEL

Christ ist erstanden!
Selig der Liebende,
Der die betrübende,
Heilsam' und übende
Prüfung bestanden.

FAUST

Was sucht ihr, mächtig und gelind,
Ihr Himmelstöne, mich am Staube?
Klingt dort umher, wo weiche Menschen sind.
Die Botschaft hör' ich wohl, allein mir fehlt der Glaube;
Das Wunder ist des Glaubens liebstes Kind.
Zu jenen Sphären wag' ich nicht zu streben,
Woher die holde Nachricht tönt;
Und doch, an diesen Klang von Jugend auf gewöhnt,

Ruft er auch jetzt zurück mich in das Leben.
Sonst stürzte sich der Himmels-Liebe Kuß
Auf mich herab, in ernster Sabbatstille;
Da klang so ahnungsvoll des Glockentones Fülle,
Und ein Gebet war brünstiger Genuß;
Ein unbegreiflich holdes Sehnen
Trieb mich durch Wald und Wiesen hinzugehn,
Und unter tausend heißen Tränen
Fühlt' ich mir eine Welt entstehn.
Dies Lied verkündete der Jugend muntre Spiele,
Der Frühlingsfeier freies Glück;
Erinnrung hält mich nun, mit kindlichem Gefühle,
Vom letzten, ernsten Schritt zurück.
O tönet fort ihr süßen Himmelslieder!
Die Träne quillt, die Erde hat mich wieder!

CHOR DER JÜNGER

Hat der Begrabene
Schon sich nach oben,
Lebend Erhabene,
Herrlich erhoben:
Ist er in Werdelust
Schaffender Freude nah;
Ach! an der Erde Brust,
Sind wir zum Leide da.
Ließ er die Seinen
Schmachtend uns hier zurück;
Ach! wir beweinen
Meister dein Glück!

CHOR DER ENGEL

Christ ist erstanden,
Aus der Verwesung Schoß.
Reißet von Banden

Freudig euch los!
Tätig ihn preisenden,
Liebe beweisenden,
Brüderlich speisenden,
Predigend reisenden,
Wonne verheißenden
Euch ist der Meister nah',
Euch ist er da!

FA I.7,1, S. 45-47

Aus »Faust. Der Tragödie Erster Teil«
Vor dem Tor (Osterspaziergang), V. 903-940:

FAUST

Vom Eise befreit sind Strom und Bäche
Durch des Frühlings holden, belebenden Blick;
Im Tale grünet Hoffnungs-Glück;
Der alte Winter, in seiner Schwäche,
Zog sich in rauhe Berge zurück.
Von dorther sendet er, fliehend, nur
Ohnmächtige Schauer körnigen Eises
In Streifen über die grünende Flur;
Aber die Sonne duldet kein Weißes,
Überall regt sich Bildung und Streben,
Alles will sie mit Farben beleben;
Doch an Blumen fehlt's im Revier,
Sie nimmt geputzte Menschen dafür.
Kehre dich um, von diesen Höhen
Nach der Stadt zurück zu sehen.

Aus dem hohlen finstern Tor
Dringt ein buntes Gewimmel hervor.
Jeder sonnt sich heute so gern.
Sie feiern die Auferstehung des Herrn,
Denn sie sind selber auferstanden,
Aus niedriger Häuser dumpfen Gemächern,
Aus Handwerks- und Gewerbes-Banden,
Aus dem Druck von Giebeln und Dächern,
Aus der Straßen quetschender Enge,
Aus der Kirchen ehrwürdiger Nacht
Sind sie alle an's Licht gebracht.
Sieh nur sieh! wie behend sich die Menge
Durch die Gärten und Felder zerschlägt,
Wie der Fluß, in Breit' und Länge,
So manchen lustigen Nachen bewegt,
Und, bis zum Sinken überladen,
Entfernt sich dieser letzte Kahn.
Selbst von des Berges fernen Pfaden
Blinken uns farbige Kleider an.
Ich höre schon des Dorfs Getümmel,
Hier ist des Volkes wahrer Himmel,
Zufrieden jauchzet groß und klein:
Hier bin ich Mensch, hier darf ich's sein.

FA I.7,1, S. 51f.

Aus »Faust. Der Tragödie Erster Teil«
V. 3835-3859:

Walpurgisnacht

Harzgebirg
Gegend von Schirke und Elend

Faust. Mephistopheles.

MEPHISTOPHELES

Verlangst du nicht nach einem Besenstiele?
Ich wünschte mir den allerderbsten Bock.
Auf diesem Weg sind wir noch weit vom Ziele.

FAUST

So lang' ich mich noch frisch auf meinen Beinen fühle,
Genügt mir dieser Knotenstock.
Was hilft's daß man den Weg verkürzt! –
Im Labyrinth der Täler hinzuschleichen,
Dann diesen Felsen zu ersteigen,
Von dem der Quell sich ewig sprudelnd stürzt,
Das ist die Lust, die solche Pfade würzt!
Der Frühling webt schon in den Birken
Und selbst die Fichte fühlt ihn schon;
Sollt' er nicht auch auf unsre Glieder wirken?

MEPHISTOPHELES

Fürwahr ich spüre nichts davon!
Mir ist es winterlich im Leibe;
Ich wünschte Schnee und Frost auf meiner Bahn.
Wie traurig steigt die unvollkommne Scheibe
Des roten Monds mit später Glut heran,
Und leuchtet schlecht, daß man bei jedem Schritte

Vor einen Baum, vor einen Felsen rennt!
Erlaub' daß ich ein Irrlicht bitte!
Dort seh' ich eins, das eben lustig brennt.
He da! mein Freund! Darf ich dich zu uns fodern?
Was willst du so vergebens lodern?
Sei doch so gut und leucht' uns da hinauf!

FA I.7,1, S.167

Weimar, 3. Dezember 1812
An Carl Friedrich Zelter

Nun muß ich noch Ihre Anfrage wegen der ersten Walpurgis-
nacht erwidern. Es verhält sich nämlich folgendermaßen. Un-
ter den Geschichtforschern gibt es welche, und es sind Män-
ner, denen man seine Achtung nicht versagen kann, die zu
jeder Fabel, jeder Tradition, sie sei so phantastisch, so absurd
als sie wolle, einen realen Grund suchen, und unter der Mär-
chenhülle jederzeit einen faktischen Kern zu finden glauben.

Wir sind dieser Behandlungsart sehr viel Gutes schuldig:
denn um darauf einzugehn gehört große Kenntnis, ja Geist,
Witz, Einbildungskraft ist nötig, um auf diese Art die Poesie
zur Prosa zu machen. So hat nun auch einer der deutschen
Altertumsforscher die Hexen- und Teufelsfahrt des Brocken-
gebirgs, mit der man sich in Deutschland seit undenklichen
Zeiten trägt, durch einen historischen Ursprung retten und
begründen wollen. Daß nämlich die deutschen Heiden Prie-
ster und Altväter, nachdem man sie aus ihren heiligen Hainen
vertrieben und das Christentum dem Volke aufgedrungen,
sich mit ihren treuen Anhängern auf die wüsten unzugäng-

lichen Gebirge des Harzes, im Frühlings Anfang begeben, um dort, nach alter Weise, Gebet und Flamme zu dem gestaltlosen Gott des Himmels und der Erde zu richten. Um nun gegen die ausspürenden bewaffneten Bekehrer sicher zu sein, hätten sie für gut befunden, eine Anzahl der Ihrigen zu vermummen, und hiedurch ihre abergläubischen Widersacher entfernt zu halten, und, beschützt von Teufelsfratzen, den reinsten Gottesdienst zu vollenden.

Ich habe diese Erklärung vor vielen Jahren einmal irgendwo gefunden, ich wüßte aber den Autor nicht anzugeben. Der Einfall gefiel mir, und ich habe diese fabelhafte Geschichte wieder zur poetischen Fabel gemacht.

FA II.7, S.136f.

Aus: »Faust. Der Tragödie Zweiter Teil«
1. Akt, Anmutige Gegend, V. 4613-4620:

ARIEL *Gesang von Äolsharfen begleitet*
    Wenn der Blüten Frühlings-Regen
    Über alle schwebend sinkt,
    Wenn der Felder grüner Segen
    Allen Erdgebornen blinkt,
    Kleiner Elfen Geistergröße
    Eilet wo sie helfen kann,
    Ob er heilig? ob er böse?
    Jammert sie der Unglücksmann.

FA I.7,1, S.203

Frühjahr in anderen Landen

Wörlitz, 14. Mai 1778
An Charlotte von Stein

Wörliz Donnerst. Nach Tische gehn wir auf Berlin über Pozdam. Hier ists iezt unendlich schön. Mich hats gestern Abend wie wir durch die Seen Canäle und Wäldgen schlichen sehr gerührt wie die Götter dem Fürsten erlaubt haben einen Traum um sich herum zu schaffen. Es ist wenn man so durchzieht wie ein Mährgen das einem vorgetragen wird und hat ganz den Charackter der Elisischen Felder in der sachtesten Manigfaltigkeit fliest eins ins andre, keine Höhe zieht das Aug und das Verlangen auf einen einzigen Punckt, man streicht herum ohne zu fragen wo man ausgegangen ist und hinkommt. Das Buschwerck ist in seiner schönsten Jugend, und das ganze hat die reinste Lieblichkeit. – Und nun bald in der Pracht der königlichen Städte im Lärm der Welt und der Kriegsrüstungen. Mit den Menschen hab ich, wie ich spüre weit weniger Verkehr als sonst. Und ich scheine dem Ziele dramatischen Wesens immer näher zu kommen, da michs nun immer näher angeht wie die Grosen mit den Menschen, und die Götter mit den Grosen spielen. Adieu. Schreiben Sie mir ia nach Leipzig. Grüsen Sie die Herzoginn, Stein, Waldn⟨er⟩, Prinzen und Knebeln, des leztern wir oft erwähnen obs ihm gleich nicht gesund wäre herzukommen.   G.

FA II.2, S. 129 f.

Aus »Italienische Reise«
Palermo, 3. April 1787

Wir wollen sehen was diese Königin der Inseln tun kann.

Wie sie uns empfangen hat habe ich keine Worte auszu-drücken: mit frischgrünenden Maulbeerbäumen, immer grü-nendem Oleander, Zitronenhecken pp. In einem öffentlichen Garten stehn weite Beete von Ranunkeln und Anemonen. Die Luft ist mild, warm und wohlriechend, der Wind lau. Der Mond ging dazu voll hinter einem Vorgebirge herauf und schien in's Meer; und diesen Genuß nachdem man vier Tage und Nächte auf den Wellen geschwebt!

FA I.15, 1, S. 249

Aus »Italienische Reise«
Palermo, 7. April 1787

In dem öffentlichen Garten, unmittelbar an der Reede, brach-te ich im Stillen die vergnügtesten Stunden zu. Es ist der wun-derbarste Ort von der Welt. Regelmäßig angelegt, scheint er uns doch feenhaft; vor nicht gar langer Zeit gepflanzt, versetzt er ins Altertum. Grüne Beeteinfassungen umschließen frem-de Gewächse, Zitronenspaliere wölben sich zum niedlichen Laubengange, hohe Wände des Oleanders, geschmückt von tausend roten nelkenhaften Blüten, locken das Auge. Ganz fremde mir unbekannte Bäume, noch ohne Laub, wahrschein-lich aus wärmern Gegenden, verbreiten seltsame Zweige. Eine hinter dem flachen Raum erhöhte Bank läßt einen so wunder-sam-verschlungenen Wachstum übersehen und lenkt den Blick zuletzt auf große Bassins, in welchen Gold- und Silberfische sich gar lieblich bewegen, bald sich unter bemooste Röhren verbergen, bald wieder scharenweis, durch einen Bissen Brot gelockt, sich versammeln. An den Pflanzen erscheint durchaus ein Grün das wir nicht gewohnt sind, bald gelblicher, bald blaulicher als bei uns. Was aber dem Ganzen die wundersamste Anmut verlieh, war ein starker Duft der sich über alles gleichförmig verbreitete, mit so merklicher Wirkung, daß die Gegenstände, auch nur einige Schritte hinter einander entfernt, sich entschiedener hellblau von einander absetzten, so daß ihre eigentümliche Farbe zuletzt verloren ging, oder wenigstens sehr überbläut sie sich dem Auge darstellten.

Welche wundersame Ansicht ein solcher Duft entfernteren Gegenständen, Schiffen, Vorgebirgen erteilt, ist für ein malerisches Auge merkwürdig genug, indem die Distanzen genau zu unterscheiden, ja zu messen sind; deswegen auch ein Spaziergang auf die Höhe höchst reizend ward. Man sah keine Natur mehr, sondern nur Bilder, wie sie der künstlichste Maler durch Lasieren auseinander gestuft hätte.

Aber der Eindruck jenes Wundergartens war mir zu tief geblieben; die schwärzlichen Wellen am nördlichen Horizonte, ihr Anstreben an die Buchtkrümmungen, selbst der eigene Geruch des dünstenden Meeres, das alles rief mir die Insel der seligen Phäaken in die Sinne so wie ins Gedächtnis. Ich eilte sogleich einen Homer zu kaufen, jenen Gesang mit großer Erbauung zu lesen und eine Übersetzung aus dem Stegreif Kniepen vorzutragen, der wohl verdiente, bei einem guten Glase Wein, von seinen strengen heutigen Bemühungen behaglich auszuruhen.

FA I.15, 1, S. 258f.

Aus »Italienische Reise«
Alcamo, 19. April 1787

Die Lage von Alcamo ist herrlich auf der Höhe in einiger Entfernung vom Meerbusen, die Großheit der Gegend zog uns an. Hohe Felsen, tiefe Täler dabei, aber Weite und Mannigfaltigkeit. Hinter Montreal rückt man in ein schönes doppeltes Tal, in dessen Mitte sich noch ein Felsrücken herzieht. Die fruchtbaren Felder stehen grün und still, indes auf dem breiten Wege wildes Gebüsch und Staudenmassen wie unsinnig von Blüten glänzt: der Linsenbusch, ganz gelb von Schmetterlingsblumen überdeckt, kein grünes Blatt zu sehen, der Weißdorn, Strauß an Strauß, die Aloes rücken in die Höhe und deuten auf Blüten, reiche Teppiche von amarantrotem Klee, die Insekten-Ophris, Alpenröslein, Hyazinthen mit geschlossnen Glokken, Borraß, Allien, Asphodelen.

FA I.15, 1, S. 288

28. Mai 1795
Gespräch mit F. A. Wolf

Als Goethe von Palermo nach Girgenti reiste, sah er vom Wirthshause, wo er Mittags hielt, mehrere reisende Sicilianer die Distelköpfe, die in unzähliger Menge auf einer verwilderten Wiese emporragten und eben noch im Schossen und Aufblühen waren, abhauen, schälen und essen. Er probirte es nun selbst und fand die so geschälte Sprosse zart und süßlich, sodaß sie nach unserer Salatzurichtung dem Spargel sehr ähnlich gewesen wäre. Der Vetturino raufte Puffbohnen und vertheilte sie als große Delicatesse; er selbst verzehrte einen rohen Kohlrabi, wie wir einen Apfel verzehren würden.

WA V.8, S. 263

Aus »Italienische Reise«
Agrigent, 24. April 1787

So ein herrlicher Frühlingsblick wie der heutige, bei aufgehender Sonne, ward uns freilich nie durchs ganze Leben. Auf dem hohen, uralten Burgraume liegt das neue *Girgent*, in einem Umfang, groß genug um Einwohner zu fassen. Aus unsern Fenstern erblicken wir den weiten und breiten sanften Abhang der ehemaligen Stadt, ganz von Gärten und Weinbergen bedeckt, unter deren Grün man kaum eine Spur ehemaliger großer bevölkerten Stadt-Quartiere vermuten dürfte. Nur gegen das mittägige Ende dieser grünenden und blühenden Fläche, sieht man den Tempel der Concordia hervorragen, in Osten die wenigen Trümmer des Juno-Tempels, die übrigen, mit den genannten in grader Linie gelegenen Trümmer anderer heiligen Gebäude, bemerkt das Auge nicht von oben, sondern eilt weiter südwärts nach der Strandfläche, die sich noch eine halbe Stunde bis gegen das Meer erstreckt. Versagt ward heute uns in jene so herrlich grünende, blühende, fruchtversprechende Räume zwischen Zweige und Ranken hinabzubegeben, denn unser Führer, ein kleiner guter Weltgeistlicher, ersuchte uns, vor allen Dingen diesen Tag der Stadt zu widmen.

FA I.15, 1, S. 292f.

Aus »Italienische Reise«
Agrigent, 25. April 1787

Die Folge ihres Fruchtbaus ist Bohnen, Weizen, Tumenia, das vierte Jahr lassen sie es zur Wiese liegen. Unter Bohnen werden hier die Pufbohnen verstanden. Ihr Weizen ist unendlich schön. Tumenia, deren Namen sich von bimenia oder trimenia herschreiben soll, ist eine herrliche Gabe der Ceres: es ist eine Art von Sommerkorn, das in drei Monaten reif wird. Sie säen es vom ersten Januar bis zum Juni, wo es denn immer zur bestimmten Zeit reif ist. Sie braucht nicht viel Regen, aber starke Wärme, anfangs hat sie ein sehr zartes Blatt, aber sie wächst dem Weizen nach und macht sich zuletzt sehr stark. Das Korn säen sie im Oktober und November, es reift im Juni. Die im November gesäte Gerste ist den ersten Juni reif, an der Küste schneller, in Gebirgen langsamer.

Der Lein ist schon reif. Der Akanth hat seine prächtigen Blätter entfaltet. Salsola fruticosa wächst üppig.

Auf unbebauten Hügeln wächst reichlicher Esparsett. Er wird teilweis verpachtet und bündelweis in die Stadt gebracht. Eben so verkaufen sie bündelweis den Hafer, den sie aus dem Weizen ausgäten.

Sie machen artige Einteilungen mit Rändchen in dem Erdreich wo sie Kohl pflanzen wollen, zum Behuf der Wässerung.

An den Feigen waren alle Blätter heraus und die Früchte hatten angesetzt. Sie werden zu Johanni reif, dann setzt der Baum noch einmal an. Die Mandeln hingen sehr voll; ein gestutzter Karubenbaum trug unendliche Schoten. Die Trauben zum Essen werden an Lauben gezogen, durch hohe Pfeiler unterstützt. Melonen legen sie im März, die im Juni reifen. In den Ruinen des Jupiter-Tempels wachsen sie munter, ohne eine Spur von Feuchtigkeit.

FA I.15, 1, S. 298f.

Aus »Italienische Reise«
Rom, 7. März 1788

Das Wetter ist seit einigen Tagen trübe und gelind. Der Mandelbaum hat größtenteils verblüht und grünt jetzt, nur wenige Blüten sind auf den Gipfeln noch zu sehen. Nun folgt der Pfirsichbaum, der mit seiner schönen Farbe die Gärten ziert. Viburnum Tinus blüht auf allen Ruinen, die Attigbüsche in den Hecken sind alle ausgeschlagen, und andere die ich nicht kenne. Die Mauern und Dächer werden nun grüner, auf einigen zeigen sich Blumen. In meinem neuen Kabinet, wohin ich zog, weil wir Tischbein von Neapel erwarten, habe ich eine mannichfaltige Aussicht in unzählige Gärtchen und auf die hintere Galerien vieler Häuser. Es ist gar zu lustig.

FA I.15, 1, S. 565f.

Töplitz, 23. Mai 1813
An Christiane Goethe

Der Frühling ist hier unendlich schön, besonders blühn die Kastanien jetzt im Park und an allen Wegen auf das allervollkommenste.

WA IV.23, S. 349

Karlsbad, 4. Mai 1820
An August Goethe

Eurem Frühling, wie du ihn meldest, kann ich das Gleiche nicht erwidern. Die Kastanien sind am weitesten hervor, obgleich mit noch verschlossenen Blüthen, Buche und Vogelbeerbaum zeigen sich, besonders an sonnigen Stellen, die Linde ist am weitesten zurück, auch der Weißdorn zögert sich zu entfalten. Indessen sieht der abhängige Boden der Fichtenberge gar lustig aus. Anemone nemorosa zu Millionen belebt die tiefen Einsamkeiten, auch zieht sie sich auf abhängige sonnige Wiesenhügel, wo sie sich, in gleichfalls unzählbarer Gesellschaft der Schlüsselblumen, gar lieblich ausnimmt. Was aber dem Waldboden die höchste Zierde giebt ist die röthlich blühende Heide, die wir bey uns in den Gewächshäusern kennen. Wer von Moosen ein Freund wäre fände sie hier in der größten Schönheit. Die Drosera ist mir auf dem Wege schon begegnet. Überhaupt merkt man, ohngeachtet der Gebirgshöhe, die Nähe des fünfzigsten Grades.

WA IV.33, S. 14f.

St. Nepomucks Vorabend
Karlsbad den 15. Mai 1820

Lichtlein schwimmen auf dem Strome,
Kinder singen auf der Brücken,
Glocke, Glöckchen fügt vom Dome
Sich der Andacht, dem Entzücken.

Lichtlein schwinden, Sterne schwinden;
Also lös'te sich die Seele
Unsres Heil'gen, nicht verkünden
Durft' er anvertraute Fehle.

Lichtlein schwimmet! spielt ihr Kinder!
Kinder-Chor, o! singe, singe!
Und verkündiget nicht minder
Was den Stern zu Sternen bringe.

FA I.2, S. 475

Chinesisches

Nachstehende, aus einem chrestomathisch-biographischen
Werke, das den Titel führt: *Gedichte hundert schöner Frauen*,
ausgezogene Notizen und Gedichtchen, geben uns die Über-
zeugung, daß es sich trotz aller Beschränkungen, in diesem
sonderbar-merkwürdigen Reiche noch immer leben, lieben
und dichten lasse.

Fräulein See-Yaou-Hing

Sie war schön, besaß poetisches Talent, man bewunderte sie
als die leichteste Tänzerin. Ein Verehrer drückte sich hierüber
poetisch folgendermaßen aus:

Du tanzest leicht bei Pfirsich-Flor
Am luftigen Frühlings-Ort:
Der Wind, stellt man den Schirm nicht vor,
Bläst euch zusammen fort.

Auf Wasserlilien hüpftest du
Wohl hin den bunten Teich,
Dein winziger Fuß, dein zarter Schuh
Sind selbst der Lilie gleich.

Die andern binden Fuß für Fuß,
Und wenn sie ruhig stehn
Gelingt wohl noch ein holder Gruß,
Doch können sie nicht gehn.

Von ihren kleinen goldbeschuhten Füßchen schreibt sich's her,
daß niedliche Füße von den Dichtern durchaus goldne Lilien
genant werden, auch soll dieser ihr Vorzug die übrigen Frau-
en des Harems veranlaßt haben, ihre Füße in enge Bande ein-
zuschließen, um ihr ähnlich wo nicht gleich zu werden. Die-
ser Gebrauch, sagen sie, sei nachher auf die ganze Nation
übergegangen.

FA I.12, S. 373f.

Aus »Chinesisch-deutsche Jahres- und Tageszeiten«

I

Sag was könnt' uns Mandarinen,
Satt zu herrschen, müd zu dienen,
Sag was könnt' uns übrig bleiben,
Als in solchen Frühlingstagen
Uns des Nordens zu entschlagen

Und am Wasser und im Grünen
Fröhlich trinken, geistig schreiben,
Schal' auf Schale, Zug in Zügen?

II

Weiß wie Lilien, reine Kerzen,
Sternen gleich, bescheidner Beugung,
Leuchtet aus dem Mittelherzen
Rot gesäumt die Glut der Neigung.

So frühzeitige Narzissen
Blühen reihenweis im Garten.
Mögen wohl die Guten wissen
Wen sie so spaliert erwarten.

III

Ziehn die Schafe von der Wiese,
Liegt sie da, ein reines Grün,
Aber bald zum Paradiese
Wird sie bunt geblümt erblühn.

Hoffnung breitet lichte Schleier
Nebelhaft vor unsern Blick:
Wunscherfüllung, Sonnenfeier
Wolkenteilend bring' uns Glück.

FA I.2, S. 695f.

Frühlingstraum und Frühlingswonne

Mit einem gemalten Band

Kleine Blumen, Kleine Blätter
Streuen mir mit leichter Hand
Gute iunge FrühlingsGötter
Tandlent auf ein luftig Band

Zephier nimms auf deine Flügel
Schlings um meiner Liebsten Kleid
Und dan tritt sie für den Spiegel
mit zufriedener Munterkeit

Sieht mit Rosen sich umgeben
Sie wie eine Rosse iung
– einen Kuß geliebtes Leben
Und ich bin belohnt genu⟨n⟩g,

Schicksal Seegne diese trieben
Laß mich ihr und laß Sie mein
Laß das Leben unsrer Liebe
Doch kein Rossen Leben sein

Mädgen das wie ich Empfindet
Reig mir deine Liebe Hand
Und das Band daß uns verbindet
sey kein schwages Rossen Band.

FA I.1, S. 127

69

An Belinden

Warum ziehst du mich unwiderstehlich
Ach in jene Pracht,
War ich guter Junge nicht so seelich
In der öden Nacht.

Heimlich in mein Zimmergen verschlossen
Lag im Mondenschein
Ganz von seinem Schauerlicht umflossen
Und ich dämmert ein

Träumte da von vollen goldnen Stunden
Ungemischter Lust
Hatte schon dein Liebes Bild empfunden
Tief in meiner Brust.

Bin ich's noch den du bei so viel Lichtern
An dem Spieltisch hältst
Oft so unerträglichen Gesichtern
Gegenüber stellst.

Reizender ist mir des Frühlings blüte
Nun nicht auf der Flur
Wo du Engel bist ist Lieb und Güte
Wo du bist Natur.

FA I.1, S. 166

Aus »Arianne an Wetty«

Ich kann Waltern nicht widerlegen, Wetty, aber ich wollte schwören daß er unrecht hat; ihm mögen seine Gedanken genug tun, wenn ich damit zufrieden wäre, so wäre ich Walter. Nein Wetty, unsere Empfindungen liegen tiefer, als daß man sie mit einer superfiziellen Erkenntnis, so kavalierement durch Stolz und Eigennutz erklären könnte. Es ist mit der Liebe wie mit dem Leben, wie mit dem Atemholen. Freilich ziehe ich die Luft in mich; willst du das auch Eigennutz nennen? Aber ich hauche sie wieder aus, und sage mir, wenn du in der Frühlingssonne sitzest, und für Wonne dein Busen stärker atmet, ist das Hauchen nicht eine größere Wonne als das Atemholen, denn das ist Mühe, jens ist Ruhe; und wenn uns die Entzükkung manchmal aus voller Brust die Frühlingsluft einziehen macht, so ist es doch nur um sie von ganzen Herzen wieder ausgeben zu dürfen. Und ebenso ist s mit der Liebe, und ihr meint leben und nicht leben wäre eins. O meine Freundin was nicht lebt hat keine anziehende Kraft, es fließt keine Atmosphäre von ihm aus deren Wirbel uns hinreißen könnten.

FA I.8, S. 560

Weimar, 25. April 1778

Mit einer Hiazynthe

Aus dem Zaubertal dortnieden
Das der Regen still umtrübt,
Aus dem Taumel der Gewässer,
Sendet Blume Gruß und Frieden

Der dich immer treu und besser
Als du glauben magst geliebt.

Diese Blume die ich pflücke
Neben mir vom Tau genährt
Läßt die Mutter still zurücke
Die sich in sich selbst vermehrt.
Lang entblättert und verborgen
Mit den Kindern an der Brust,
Wird an neuen Frühlingsmorgen
Vielfach sie des Gärtners Lust.

FA I.1, S. 235

Weimar, 19. April 1779

Deine Grüße hab' ich wohl erhalten
Liebe lebt jetzt in tausend Gestalten,
Gibt der Blume Farb und Duft
Jeden Morgen durchzieht sie die Luft,
Tag und Nacht spielt sie auf Wiesen in Hainen,
Mir will sie oft zu herrlich erscheinen,
Neues bringt sie täglich hervor
Leben summt uns die Biene ins Ohr
Bleib ruf ich oft Frühling man küsset dich kaum
Engel so fliehst du wie ein schwankender Traum
Immer wollen wir dich ehren und schätzen
So uns an dir wie am Himmel ergötzen.

FA I.1, S. 236

Die Spröde

An dem reinsten Frühlingsmorgen
Ging die Schäferin und sang,
Jung und schön und ohne Sorgen,
Daß es durch die Felder klang,
So la la! le ralla!

Thirsis bot ihr für ein Mäulchen
Zwei, drei Schäfchen gleich am Ort.
Schalkhaft blickte sie ein Weilchen;
Doch sie sang und lachte fort:
So la la! le ralla!

Und ein andrer bot ihr Bänder,
Und der dritte bot sein Herz;
Doch sie trieb mit Herz und Bändern
So wie mit den Lämmern Scherz,
Nur la la! le ralla.

FA I.1, S. 643f.

Das Veilchen

Ein Veilchen auf der Wiese stand,
Gebückt in sich und unbekannt;
Es war ein herzig's Veilchen.
Da kam eine junge Schäferin,
Mit leichtem Schritt und munterm Sinn,
Daher, daher,
Die Wiese her, und sang.

Ach! denkt das Veilchen; wär' ich nur
Die schönste Blume der Natur,
Ach nur ein kleines Weilchen,
Bis mich das Liebchen abgepflückt,
Und an dem Busen matt gedrückt!
Ach nur, ach nur,
Ein Viertelstündchen lang!

Ach! aber ach! das Mädchen kam
Und nicht in Acht das Veilchen nahm,
Ertrat das arme Veilchen.
Es sang und starb und freut sich noch:
Und sterb' ich denn, so sterb' ich doch
Durch sie, durch sie,
Zu ihren Füßen doch.

FA I.1, S. 66 f.

Der Abschied

Laß mein Aug' den Abschied sagen,
Den mein Mund nicht nehmen kann!
Schwer, wie schwer ist er zu tragen!
Und ich bin doch sonst ein Mann.

Traurig wird in dieser Stunde
Selbst der Liebe süßtes Pfand,
Kalt der Kuß von deinem Munde,
Matt der Druck von deiner Hand.

Sonst, ein leicht gestohlnes Mäulchen,
O wie hat es mich entzückt!
So erfreuet uns ein Veilchen,
Das man früh im März gepflückt.

Doch ich pflücke nun kein Kränzchen,
Keine Rose mehr für dich.
Frühling ist es, liebes Fränzchen,
Aber leider Herbst für mich!

FA I.1, S. 281

Mailied

Zwischen Weizen und Korn,
Zwischen Hecken und Dorn,
Zwischen Bäumen und Gras,
Wo geht's Liebchen?
Sag mir das!

Fand mein Holdchen
Nicht daheim;
Muß das Goldchen
Draußen sein.
Grünt und blühet
Schön der Mai;
Liebchen ziehet
Froh und frei.

An dem Felsen beim Fluß,
Wo sie reichte den Kuß,
Jenen ersten im Gras,
Seh' ich etwas!
Ist sie das?

FA I.2, S. 53

6. März 1781
An Charlotte von Stein

Zum leztenmal auf eine lange Zeit schreib ich Ihnen des Morgens mit der schönen Hoffnung die besten Stunden des Tags mit Ihnen zuzubringen. Wie ists mit unserm Braten heute? Es wird kein Conseil seyn und wir können ihn also in Ruhe verzehren. Weder der Tag, noch der Frühling noch die Liebe werden immer wiederkehrend alt. d. 6. März 81   G.

WA IV.5, S. 67

22. März 1781
An Charlotte von Stein

Deine Liebe ist mir wie der Morgen und Abendstern, er geht nach der Sonne unter und vor der Sonne wieder auf. Ja wie ein Gestirn des Pols das nie untergehend über unserm Haupt einen ewig lebendigen Kranz flicht. Ich bete daß es mir auf der Bahn des Lebens die Götter nie verduncklen mögen. Der

erste Frühlingsregen wird unsrer Spazierfahrt schaden. Die Pflanzen wird er aufquellen, daß wir bald des ersten Grüns uns erfreuen. Wir haben noch so keinen schönen Frühling zu sammen erlebt, mögte er keinen Herbst haben. Adieu. Ich frage gegen 12 Uhr nach wie es wird. Adieu beste liebste.
d. 22. März 81.   G.

FA II.2, S. 340

Aus den »Venezianischen Epigrammen«

13

Süß den sprossenden Klee im Frühling mit weichlichen
                                                            Füßen,
    Und die Wolle des Lamms tasten mit zärtlicher Hand,
Süß voll Blüten zu sehn die neu lebendigen Zweige,
    Dann das grünende Laub locken mit Sehnsucht im Blick;
Aber süßer, mit Blumen dem Busen der Schäferin
                                                            schmeicheln,
    Und dies vielfache Glück läßt mich entbehren der Mai.

FA I.1, S. 446

Aus »Wilhelm Meisters Lehrjahre«
Siebentes Buch, Erstes Kapitel

Der Frühling war in seiner völligen Herrlichkeit erschienen; ein frühzeitiges Gewitter, das den ganzen Tag gedrohet hatte, ging stürmisch an den Bergen nieder, der Regen zog nach dem Lande, die Sonne trat wieder in ihrem Glanze hervor und auf dem grauen Grunde erschien der herrliche Bogen. Wilhelm ritt ihm entgegen und sah ihn mit Wehmut an. Ach! sagte er zu sich selbst, erscheinen uns denn eben die schönsten Farben des Lebens nur auf dunklem Grunde? und müssen Tropfen fallen, wenn wir entzückt werden sollen? Ein heiterer Tag ist wie ein grauer, wenn wir ihn ungerührt ansehen und was kann uns rühren, als die stille Hoffnung, daß die angeborne Neigung unsers Herzens nicht ohne Gegenstand bleiben werde? Uns rührt die Erzählung jeder guten Tat, uns rührt das Anschauen jedes harmonischen Gegenstandes; wir fühlen dabei, daß wir nicht ganz in der Fremde sind, wir wähnen einer Heimat näher zu sein, nach der unser Bestes, Innerstes ungeduldig hinstrebt.

FA I.9, S.797

Aus der Besprechung von Johann Heinrich Voß'
»Lyrische Gedichte«

Tritt sodann der Frühling selbst herein, so ist von Dach und Fach gar die Rede nicht mehr, immer findet man den Dichter draußen, auf sanften Pfaden, um seinen See herstreichen. Jeder Busch entwickelt sich im einzelnen, jede Blütenart bricht einzeln in seiner Gegenwart hervor. Wie auf einem ausführlichen Gemälde erblickt man, im Sonnenschein um ihn her, Gras und Kraut so gut als Eichen und Buchen, und an dem Ufer des stillen Wassers fehlt weder das Rohr noch irgend eine schwellende Pflanze.

Hier begleitet ihn nicht jene verwandelnde Phantasie, durch deren ungeduldiges Bilden sich der Fels zu göttlichen Mädchen ausgestaltet, der Baum seine Äste zurückzieht und mit jugendlichen weichen Armen den Jäger zu locken scheint. Einsam vielmehr geht der gemütvolle Dichter, als ein Priester der Natur umher, berührt jede Pflanze, jede Staude mit leiser Hand, und weiht sie zu Gliedern einer liebevoll übereinstimmenden Familie.

Um ihn, als einen Paradiesbewohner, spielen harmlose Geschöpfe, das Lamm auf der Wiese, das Reh im Walde. Zugleich versammelt sich das ganze Chor von Vögeln, und übertönt das Leben des Tags mit vielfachen Akzenten.

Dann am Abend, gegen die Nacht hin, wenn der Mond in ruhiger Pracht am Himmel heraufsteigt, und sein bewegliches Bild auf der leisewogenden Wasserfläche einem jeden schlängelnd entgegenschickt, wenn der Kahn sanft dahin wallt, das Ruder im Takte rauscht, und jede Bewegung den Funken eines Widerscheins hervorruft, von dem Ufer die Nachtigall ihre himmlischen Töne verbreitet und jedes Herz zum Gefühle aufruft, dann zeigt sich Neigung und Leidenschaft in glücklicher Zartheit, von den ersten Anklängen einer vom höchsten Wesen selbst vorgeordneten Sympathie, bis zu jener stillen, anmutigen, schüchternen Lüsternheit wie sie aus den engern Umgebungen des bürgerlichen Lebens hervorsprießt. Ein wallender Busen, ein feuriger Blick, ein Händedruck, ein geraubter Kuß beleben das Lied. Doch ist es immer der Bräutigam, der sich erkühnt, immer die Braut, welche nachgibt, und so beugt selbst alles Gewagte sich unter ein gesetzliches Maß; dagegen erlaubt er sich manches innerhalb dieser Grenze. Frauen und Mädchen wetteifern keck und ohne Scheu über ihre nun einmal anerkannten Zustände, und eine beängstete Braut wird, unter lebhaften Zudringlichkeiten mutwilliger Gäste, zu Bette gebracht.

Sogleich aber führt er uns wieder unter freien Himmel ins Grüne, zur Laube, zum Gebüsch, und da ist er auf die heiterste, herzlichste und zarteste Weise zu Hause.

FA I.18, S. 946-948

In das Stammbuch von Bertha v. Loder
Jena, 13. Mai 1809

Wie die Blüten heute dringen
Aus den aufgeschloss'nen Zweigen,
Wie die Vögel heute singen
Aus durchsichtigen Gesträuchen,
So begleitet reis' und lebe
Und so freundlich nimm und gebe.

FA I.2, S. 778

Aus »Die Wahlverwandtschaften«
Zweiter Teil, 9. Kapitel

Der Frühling war gekommen, später aber auch rascher und freudiger als gewöhnlich. Ottilie fand nun im Garten die Frucht ihres Vorsehens: alles keimte, grünte und blühte zur rechten Zeit; manches was hinter wohl angelegten Glashäusern und Beeten vorbereitet worden, trat nun sogleich der endlich von außen wirkenden Natur entgegen, und alles was zu tun und zu besorgen war, blieb nicht bloß hoffnungsvolle Mühe wie bisher, sondern ward zum heitern Genusse.

FA I.8, S. 459

Aus »Wilhelm Meisters Wanderjahre«
Zweites Buch, 3. Kapitel
(Der Mann von fünfzig Jahren)

Der Garten war in seiner vollen Frühlingspracht, und der Major, der so viele alte Bäume sich wieder belauben sah, konnte auch an die Wiederkehr seines eignen Frühlings glauben. Und wer hätte sich nicht in der Gegenwart des liebenswürdigsten Mädchens dazu verführen lassen!

FA I.10, S. 436

> Lieblich ist's im Frühlings-Garten
> Mancher holden Blume warten;
> Aber lieblicher im Segen
> Seiner Freunde Namen pflegen:

Denn der Anblick solcher Züge
Tut so Seel' als Geist Genüge,
Ja, zu Lieb und Treu bekennt
Sich der Freund wie er sich nennt.

FA I.2, S. 608

An Marianne von Willemer, 14. April 1830 mit einem Blatt Bryophyllum Calycinum

Wie aus Einem Blatt unzählig
Frische Lebenszweige sprießen;
Mögst in Einer Liebe seelig
Tausendfaches Glück genießen!

FA I.2, S. 709

Gänseblumen heißet ihr deutsch und Bellis lateinisch,
Gibt es doch Männer, für die ihr nur bellissimae seid.

FA I.1, S. 581

»Sprichwörtlich«

Wann magst du dich am liebsten bücken?
Dem Liebchen Frühlingsblume zu pflücken.

FA I.2, S. 397

Frühlingsgötter. Ganymed und Pandora

Wanderungen
⟨Frankfurt, Darmstadt, Homburg, Wetzlar⟩

Ein zärtlich jugendlicher Kummer
Führt mich in's öde Feld, es liegt
In einem stillen Morgenschlummer
Die Mutter Erde. Rauschend wiegt
Ein kalter Wind die starren Äste. Schauernd
Tönt er die Melodie zu meinem Lied voll Schmerz.
Und die Natur ist ängstlich still und trauernd,
Doch hoffnungsvoller als mein Herz.
  Denn sieh bald gaukelt dir, mit Rosenkränzen
In runder Hand, du Sonnengott, das Zwillingspaar
Mit offnem blauem Aug, mit krausem goldnen Haar,
In deiner Laufbahn dir entgegen. Und zu Tänzen
Auf neuen Wiesen schickt
Der Jüngling sich, und schmückt
Den Hut mit Bändern, und das Mädgen pflückt
Die Veilgen aus dem jungen Gras; und bückend sieht
Sie heimlich nach dem Busen, sieht mit Seelenfreude
Entfalteter, und reizender ihn heute
Als er vorm Jahr am Maienfest geblüht.
Und fühlt, und hofft.
     Gott segne mir den Mann,
In seinem Garten dort! Wie zeitig fängt er an
Ein lockres Bett dem Samen zu bereiten!
Kaum riß der März das Schneegewand
Dem Winter von den hagern Seiten,
Der stürmend floh, und hinter sich aufs Land
Den Nebelschleier warf, der Fluß und Au
Und Berg in kaltes Grau
Versteckt; da geht er ohne Säumen

Die Seele voll von Ernteträumen
Und sät und hofft.

FA I.1, S. 136

Aus »Erwin und Elmire«

Ein Schauspiel für Götter,
Zwei Liebende zu sehn!
Das schönste Frühlingswetter
Ist nicht so warm, so schön.

Wie sie stehn! nach einander sehn!
In vollen Blicken
Ihre ganze Seele strebt!
In schwebendem Entzücken
Zieht sich Hand und Hand,
Und ein schauervolles Drücken
Knüpft ein dauernd Seelenband.

Wie um sie ein Frühlingswetter
Aus der vollen Seele quillt!
Das ist euer Bild, ihr Götter!
Götter, das ist euer Bild!

FA I.1, S. 380f.

Aus »Erwin und Elmire«

Mit vollen Atemzügen
Saug' ich, Natur, aus dir
Ein schmerzliches Vergnügen.
Wie lebt,
Wie bebt,
Wie strebt
Das Herz in mir!

Freundlich begleiten
Mich Lüftlein gelinde.
Flohene Freuden,
Ach! säuseln im Winde,
Fassen die bebende,
Die strebende Brust.
Himmlische Zeiten!
Ach, wie so geschwinde
Dämmert und blicket
Und schwindet die Lust!

Du lachst mir, angenehmes Tal,
Und du, o reine Himmelssonne,
Erfüllst seit langer Zeit zum erstenmal
Mein Herz mit süßer Frühlingswonne.

Weh mir! Ach sonst war meine Seele rein,
Genoß so friedlich deinen Segen.
Verbirg dich, Sonne, meiner Pein!
Verwildre dich, Natur, und stürme mir entgegen!

Die Winde sausen,
Die Ströme brausen,
Die Blätter rascheln
Dürr ab in's Tal.
Auf steiler Höhe,
Am nackten Felsen,
Lieg' ich und flehe;
Auf öden Wegen
Durch Sturm und Regen,
Fühl' ich und flieh' ich
Und suche die Qual.

Wie glücklich, daß in meinem Herzen
Sich wieder neue Hoffnung regt!
O wende, Liebe, diese Schmerzen,
Die meine Seele kaum erträgt.

FA I.1, S. 377f.

Ganymed

Wie im Morgenrot
Du rings mich anglühst
Frühling Geliebter!
Mit tausendfacher Liebeswonne
Sich an mein Herz drängt
Deiner ewigen Wärme
Heilig Gefühl
Unendliche Schöne!

Daß ich dich fassen möcht
In diesen Arm!

Ach an deinem Busen
Lieg ich, schmachte,
Und deine Blumen dein Gras
Drängen sich an mein Herz
Du kühlst den brennenden
Durst meines Busens
Lieblicher Morgenwind!
Ruft drein die Nachtigall
Liebend nach mir aus dem Nebeltal.

Ich komme! Ich komme!
Wohin? Ach wohin?

Hinauf hinauf strebts!
Es schweben die Wolken
Abwärts die Wolken,
Neigen sich der sehnenden Liebe.
Mir! Mir
In eurem Schoße
Aufwärts!
Umfangend umfangen!
Aufwärts
An deinem Busen
Alliebender Vater!

FA I.1, S. 205

Aus »Pandora«
V. 655-678

Epimetheus:
Der Seligkeit Fülle die hab' ich empfunden!
Die Schönheit besaß ich, sie hat mich gebunden;
Im Frühlingsgefolge trat herrlich sie an.
Sie erkannt' ich, sie ergriff ich, da war es getan!
Wie Nebel zerstiebte trübsinniger Wahn,
Sie zog mich zur Erd' ab, zum Himmel hinan.

    Du suchest nach Worten sie würdig zu loben,
Du willst sie erhöhen; sie wandelt schon oben.
Vergleich' ihr das Beste; du hältst es für schlecht.
Sie spricht, du besinnst dich; doch hat sie schon Recht.
Du stemmst dich entgegen; sie gewinnt das Gefecht.
Du schwankst ihr zu dienen, und bist schon ihr Knecht.

    Das Gute, das Liebe, das mag sie erwidern.
Was hilft hohes Ansehn? Sie wird es erniedern.
Sie stellt sich an's Ziel hin, beflügelt den Lauf;
Vertritt sie den Weg dir, gleich hält sie dich auf.
Du willst ein Gebot tun, sie treibt dich hinauf,
Gibst Reichtum und Weisheit und alles in den Kauf.

    Sie steiget hernieder in tausend Gebilden,
Sie schwebet auf Wassern, sie schreitet auf Gefilden,
Nach heiligen Maßen erglänzt sie und schallt,
Und einzig veredelt die Form den Gehalt,
Verleiht ihm, verleiht sich die höchste Gewalt,
Mir erschien sie in Jugend-, in Frauen-Gestalt.

FA I.6, S. 684f.

Aus dem Maskenzug
»Die Romantische Poesie«

Frühling

Der Lenz tritt auf. Vom süßen Liebesmunde
Ertönt durchaus ein holder Zauberschall.
Nun wird der Welt erst recht die frohe Stunde!
So singt und sagt das Lied der Nachtigall.
Ein Seufzer steigt aus regem Herzensgrunde
Und Wonn' und Sehnsucht walten überall.
Und wer nicht liebt, wird sich des schönen Maien,
So gut er kann, doch leider halb nur freuen.

FA I.6, S. 814

Regenbogen über den Hügeln
einer anmutigen Landschaft

Grau und trüb und immer trüber
Kommt ein Wetter angezogen;
Blitz und Donner sind vorüber,
Euch erquickt ein Regenbogen.

—

Frohe Zeichen zu gewahren,
Wird der Erdkreis nimmer müde;
Schon seit vielen tausend Jahren
Spricht der Himmelsbogen: *Friede.*

—

Aus des Regens düstrer Trübe
Glänzt das Bild das immer neue;
In den Tränen zarter Liebe
Spiegelt sich der Engel – Treue.

—

Wilde Stürme, Kriegeswogen
Ras'ten über Hain und Dach;
Ewig doch und allgemach
Stellt sich her der bunte Bogen.

—

Über Wiese, Hain und Dach
Stürzte Krieges Ungemach,
Wo nun Frühlings Lüftchen fächelt,
Und der Friedens-Bogen lächelt.

FA I.2, S. 691f.

Ostern bis Pfingsten

Caroline Riemers Niederschrift

Einige Jahre nach Goethes Ankunft in Weimar stellte er für die Kinder seiner Bekannten in weiter Ausdehnung ein Eiersuchen an, das meistens im Freien an der sogenannten Schnekke gehalten wurde, die auf dem freien Platz am Eingange des Parkes stand und aus zwei kolossalen Linden gebildet war, die ein Gebäude überzogen, auf dessen aufsteigenden Doppelgängen man sich nie begegnete.

Bei plötzlich eingetretenem Regenwetter wurde das Fest im Theatergebäude gehalten, was jedoch nur selten geschah. Entweder waren die Frühlinge damals wärmer und zeitiger als jetzt, oder, was wahrscheinlicher ist, das Fest der roten Eier fand nach Ostern, vermutlich um Himmelfahrt statt, denn immer grünten die Linden und die Hecke um die Schnecke, auch konnte die Gesellschaft einiger Eltern der Kinder und anderer Freunde Goethes im Freien stundenlang ausdauern. Die Familie Herder fehlte nie dabei. Die Mutter hatte eine besondere Gabe, die Kinder an sich zu ziehen, sie durch Erzählungen und Märchen zu unterhalten, ihre Spiele zu leiten, sie war also hier ganz an ihrem Platze.

Die in allen Farben prangenden Eier waren an zwei Orten in den Hecken verteilt, niedriger für die kleinen, höher für die größeren Kinder. Das Nest mit dem die Eier legenden Hasen, hier aus Zuckerteig geformt, fehlte nie. Wie jubelte der oder die, welche es fanden! Pyramidenartige Erhöhungen der geschnittenen Hecken waren mit Bratwürsten und ähnlichen eßbaren Dingen behangen. Danach sprangen die größern Knaben, die sich bei dem Wettlauf die Gänge der Schnekke herab, später mit den übrigen munter erwiesen.

Nach geendigtem Eiersuchen wurden die Kinder mit Backwerk, Mandelmilch, Himbeersaft und ähnlichen erfrischenden Getränken bewirtet. Spiele jeder Art wurden auf der nahen Wiese und im engeren Kreis des Schneckenbezirks getrieben. Erst mit einbrechender Nacht zog die frohe Schar heim, im voraus sich auf die Wiederholung im nächsten Frühling freuend. Es geschah dies eine Reihe von Jahren fort, bis endlich irgendein Grund Goethe veranlaßte, das fragliche Kinderfest nicht länger zu halten.

GG I, S. 332

Meteorologisches Tagebuch
Donnerstag, den 11. Mai 1820
Himmelfahrtsfest

Vollkommen heiterer Himmel, obschon Westwind. Einzelne Wolken, im Ganzen aber der höhere Himmel leicht gestreift. Gegen Abend ein Phänomen, welches ich noch nicht bemerkt. Gegen Westen in der Höhe Cirrusstreifen, doch wahrscheinlich nicht so hoch als sonst gewöhnlich: denn kleine, leichte, wollige Wölkchen, vom östlichen Gebirge herziehend, wurden, wie sie sich jener Region näherten, aufgelös't und in verticale Streifen verwandelt, doch konnte man bemerken, daß sie sich auch unverwandelt zwischen jene Streifen hineinzogen, ihre wollige Gestalt noch eine Weile behaltend. Wahrscheinlich ging dieß auf der Gränze der obern und mittlern Region vor.

Mit einem so anhaltenden, aufmerksamen Beschauen des Himmels war auch bisher das Vergnügen an dem Zustand der Erde verbunden. Im Ganzen thut einen sehr angenehmbemerkbaren Effect der, bei einem so hohen Sonnenstande, unter dem funfzigsten Grad, weit zurückgehaltene Frühling. Es ist als wenn bei ihrem Erwachen die Bäume verwundert wären und beschämt, sich schon so weit im Jahre zu finden und von ihrer Seite noch so sehr zurück zu sein. Mit jedem Tag eröffnen sich neue Knospen und die eröffneten entwikkeln sich weiter.

Sehr lieblich ist es daher gegen Sonnenuntergang die Prager Straße hinab zu gehen; alle unbelaubten Bäume, bisher unbemerkbar, wenigstens unbemerkt, kommen nach und nach zur Erscheinung, wie sie ihre Blätter entfalten und, vom Sonnenlichte vom Rücken her beschienen, als völlig durchscheinend in ihrer eigenthümlichen Form dargestellt und kenntlich werden. Das junge gelbliche Grün scheint völlig durchsichtig, und an diesem stufenweise wachsenden Genusse kann man sich gewiß noch vierzehn Tage ergehen; denn vor Pfingsten wird das völlige Grün kaum entwickelt sein. Die Gemüsegärten beschäftigen sich gleichfalls noch mit Vorbereitungen, die Wintersaat steht schön, ob es gleich früher in vier Wochen nicht geregnet hatte, der späte Schnee scheint ihr genutzt zu haben und die Berge sind niemals ohne Thau. Der verlängerte Tag gibt auch eine höchst angenehme Empfindung, besonders in dieser Schlucht, die um fünf Uhr schon beschattet ist, wenn man auf der Höhe noch einige Stunden des freundlichen Sonnenscheins genießt.

Dem hiesigen Frühling gewährt auch noch ein ganz eigenes angenehmes Ansehen, daß Blüthen und Blätter zugleich hervortreten; dadurch erscheint der Schwarzdorn, die Kirsche, der Apfel als ganz anderer, fremder Busch und Baum, die weißen Blüthen nehmen sich zwischen dem munteren Laub gar anmuthig aus.

WA II.12, S. 26f.

Aus »Reineke Fuchs«
I. Gesang, V. 1-18

Pfingsten, das liebliche Fest, war gekommen; es grünten und
blühten
Feld und Wald; auf Hügeln und Höhn, in Büschen und
Hecken
Übten ein fröhliches Lied die neuermunterten Vögel;
Jede Wiese sproßte von Blumen in duftenden Gründen,
Festlich heiter glänzte der Himmel und farbig die Erde.

Nobel, der König, versammelt den Hof; und seine Vasallen
Eilen gerufen herbei mit großem Gepränge; da kommen
Viele stolze Gesellen von allen Seiten und Enden,
Lütke, der Kranich und Markart der Häher und alle die
Besten.
Denn der König gedenkt mit allen seinen Baronen
Hof zu halten in Feier und Pracht; er läßt sie berufen
Alle mit einander, so gut die großen als kleinen.
Niemand sollte fehlen! und dennoch fehlte der eine,
Reineke Fuchs, der Schelm! der viel begangenen Frevels
Halben des Hofs sich enthielt. So scheuet das böse
Gewissen
Licht und Tag, es scheute der Fuchs die versammleten
Herren.
Alle hatten zu klagen, er hatte sie alle beleidigt,
Und nur *Grimbart*, den Dachs, den Sohn des Bruders,
verschont er.

FA I.8, S. 659

Aus »Wilhelm Meisters Wanderjahre« Zweites Buch, 11. Kapitel

Wilhelm an Natalien

Schon Tage geh' ich umher und kann die Feder anzusetzen mich nicht entschließen; es ist so mancherlei zu sagen, mündlich fügte sich wohl eins an's andere, entwickelte sich auch wohl leicht eins aus dem andern; laß mich daher, den Entfernten, nur mit dem Allgemeinsten beginnen, es leitet mich doch zuletzt auf's Wunderliche was ich mitzuteilen habe.

Du hast von dem Jüngling gehört der, am Ufer des Meeres spazierend, einen Ruderpflock fand, das Interesse das er daran nahm bewog ihn ein Ruder anzuschaffen, als notwendig dazu gehörend. Dies aber war nun auch weiter nichts nütze; er trachtete ernstlich nach einem Kahn und gelangte dazu. Jedoch war Kahn, Ruder und Ruderpflock nicht sonderlich fördernd, er verschaffte sich Segelstangen und Segel und so nach und nach, was zur Schnelligkeit und Bequemlichkeit der Schifffahrt erforderlich ist. Durch zweckmäßiges Bestreben gelangt er zu größerer Fertigkeit und Geschicklichkeit, das Glück begünstigt ihn, er sieht sich endlich als Herr und Patron eines größern Fahrzeugs und so steigert sich das Gelingen, er gewinnt Wohlhaben, Ansehen und Namen unter den Seefahrern. –

Indem ich nun dich veranlasse diese artige Geschichte wieder zu lesen, muß ich bekennen daß sie nur im weitesten Sinne hierher gehört, jedoch mir den Weg bahnt dasjenige auszudrücken, was ich vorzutragen habe. Indessen muß ich noch einiges entferntere durchgehen.

Die Fähigkeiten die in dem Menschen liegen lassen sich einteilen in allgemeine und besondere, die allgemeinen sind anzusehen als gleichgültig-ruhende Fähigkeiten, die nach Umständen geweckt und zufällig zu diesem oder jenem Zweck bestimmt werden. Die Nachahmungsgabe des Menschen ist allgemein, er will nachmachen, nachbilden was er sieht, auch ohne die mindesten innern und äußern Mittel zum Zwecke. Natürlich ist es daher immer, daß er leisten will, was er leisten sieht; das Natürlichste jedoch wäre, daß der Sohn des Vaters Beschäftigung ergriffe. Hier ist alles beisammen: eine vielleicht im besondern schon angeborne, in ursprünglicher Richtung entschiedene Fähigkeit, sodann eine folgerecht stufenweis fortschreitende Übung und ein entwickeltes Talent das uns nötigte auch alsdann auf dem eingeschlagenen Wege fortzuschreiten, wenn andere Triebe sich in uns entwickeln und uns eine freie Wahl zu einem Geschäft führen dürfte, zu dem uns die Natur weder Anlage noch Beharrlichkeit verliehen. Im Durchschnitt sind daher die Menschen am glücklichsten, die ein angebornes, ein Familientalent im häuslichen Kreise auszubilden Gelegenheit finden. Wir haben solche Malerstammbäume gesehen; darunter waren freilich schwache Talente, indessen lieferten sie doch etwas Brauchbares und vielleicht Besseres als sie, bei mäßigen Naturkräften, aus eigner Wahl, in irgend einem andern Fache geleistet hätten.

Da dieses aber auch nicht ist was ich sagen wollte, so muß ich meinen Mitteilungen von irgend einer andern Seite näher zu kommen suchen.

Das ist nun das Traurige der Entfernung von Freunden daß wir die Mittelglieder, die Hülfsglieder unserer Gedanken, die sich in der Gegenwart so flüchtig wie Blitze wechselseitig entwickeln und durchweben, nicht in augenblicklicher Verknüpfung und Verbindung vorführen und vortragen können. Hier also zunächst eine der frühsten Jugendgeschichten.

Wir in einer alten ernsten Stadt erzogenen Kinder hatten die Begriffe von Straßen, Plätzen, von Mauern gefaßt, sodann auch von Wällen, dem Glacis und benachbarten ummauerten Gärten. Uns aber einmal, oder vielmehr sich selbst in's Freie zu führen, hatten unsere Eltern längst mit Freunden auf dem Lande eine immerfort verschobene Partie verabredet. Dringender endlich zum Pfingstfeste ward Einladung und Vorschlag, denen man nur unter der Bedingung sich fügte: alles so einzuleiten, daß man zu Nacht wieder zu Hause sein könnte; denn außer seinem längst gewohnten Bette zu schlafen, schien eine Unmöglichkeit. Die Freuden des Tags so eng zu konzentrieren war freilich schwer, zwei Freunde sollten besucht und ihre Ansprüche auf seltene Unterhaltung befriedigt werden; indessen hoffte man mit großer Pünktlichkeit alles zu erfüllen.

Am dritten Feiertag, mit dem frühsten, standen alle munter und bereit, der Wagen fuhr zur bestimmten Stunde vor, bald hatten wir alles Beschränkende der Straßen, Tore, Brükken und Stadtgräben hinter uns gelassen, eine freie, weitausgebreitete Welt tat sich vor den Unerfahrnen auf. Das durch einen Nachtregen erst erfrischte Grün der Fruchtfelder und Wiesen, das mehr oder weniger hellere der eben aufgebrochenen Strauch- und Baumknospen, das nach allen Seiten hin blendend sich verbreitende Weiß der Baumblüte, alles gab uns den Vorschmack glücklicher paradiesischer Stunden.

Zu rechter Zeit gelangten wir auf der ersten Station bei einem würdigen Geistlichen an. Freundlichst empfangen konnten wir bald gewahr werden, daß die aufgehobene kirchliche

Feier den Ruhe und Freiheit suchenden Gemütern nicht entnommen war. Ich betrachtete den ländlichen Haushalt zum erstenmal mit freudigem Anteil; Pflug und Egge, Wagen und Karren deuteten auf unmittelbare Benutzung, selbst der widrig anzuschauende Unrat schien das Unentbehrlichste im ganzen Kreise: sorgfältig war er gesammelt und gewissermaßen zierlich aufbewahrt. Doch dieser auf das Neue und doch Begreifliche gerichtete frische Blick ward gar bald auf ein Genießbares geheftet; appetitliche Kuchen, frische Milch, und sonst mancher ländliche Leckerbissen ward von uns begierig in Betracht gezogen. Eilig beschäftigten sich nunmehr die Kinder, den kleinen Hausgarten und die wirtliche Laube verlassend, in dem angrenzenden Baumstück ein Geschäft zu vollbringen das eine alte wohlgesinnte Tante ihnen aufgetragen hatte. Sie sollten nämlich so viel Schlüsselblumen als möglich sammeln und solche getreulich mit zur Stadt bringen, indem die haushältische Matrone gar allerlei gesundes Getränk daraus zu bereiten gewohnt war.

Indem wir nun in dieser Beschäftigung auf Wiesen, an Rändern und Zäunen hin und wider liefen, gesellten sich mehrere Kinder des Dorfs zu uns, und der liebliche Duft gesammelter Frühlingsblumen schien immer erquickender und balsamischer zu werden.

Wir hatten nun schon so eine Masse Stengel und Blüten zusammengebracht, daß wir nicht wußten wo mit hin; man fing jetzt an die gelblichen Röhrenkronen auszuzupfen, denn um sie war es denn eigentlich doch nur zu tun, jeder suchte in sein Hütchen, sein Mützchen möglichst zu sammeln.

Der ältere dieser Knaben jedoch, an Jahren wenig vor mir voraus, der Sohn des Fischers, den dieses Blumengetändel nicht zu freuen schien, ein Knabe der mich bei seinem ersten Auftreten gleich besonders angezogen hatte, lud mich ein mit ihm nach dem Fluß zu gehen, der, schon ansehnlich breit, in weniger Entfernung vorbeifloß. Wir setzten uns mit ein paar Angelruten an eine schattige Stelle, wo im tiefen ruhig klaren Wasser gar manches Fischlein sich hin und her bewegte. Freundlich wies er mich an, worum es zu tun, wie der Köder am Angel zu befestigen sei, und es gelang mir einigemal hintereinander die kleinsten dieser zarten Geschöpfe wider ihren Willen in die Luft herauszuschnellen. Als wir nun so zusammen aneinander gelehnt beruhigt saßen, schien er zu langweilen und machte mich auf einen flachen Kies aufmerksam, der von unserer Seite sich in den Strom hineinerstreckte. Da sei die schönste Gelegenheit zu baden. Er könne, rief er, endlich aufspringend, der Versuchung nicht widerstehen, und ehe ich mich's versah war er unten, ausgezogen und im Wasser.

Da er sehr gut schwamm verließ er bald die seichte Stelle, übergab sich dem Strom und kam bis an mich in dem tieferen Wasser heran; mir war ganz wunderlich zu Mute geworden. Grashupfer tanzten um mich her, Ameisen krabbelten heran, bunte Käfer hingen an den Zweigen und goldschimmernde Sonnenjungfern, wie er sie genannt hatte, schwebten und schwankten geisterartig zu meinen Füßen, eben als jener einen großen Krebs zwischen Wurzeln hervorholend ihn lustig aufzeigte, um ihn gleich wieder an den alten Ort zu bevorstehendem Fange geschickt zu verbergen. Es war umher so warm und so feucht, man sehnte sich aus der Sonne in den Schatten, aus der Schattenkühle hinab in's kühlere Wasser. Da war es denn ihm leicht mich hinunter zu locken, eine nicht oft wiederholte Einladung fand ich unwiderstehlich und war, mit einiger Furcht vor den Eltern, wozu sich die Scheu vor dem unbekannten Elemente gesellte, in ganz wunderlicher Bewegung. Aber bald auf dem Kies entkleidet wagt' ich mich sachte in's Wasser, doch nicht tiefer als es der leise abhängige Boden erlaubte; hier ließ er mich weilen, entfernte sich in dem tragenden Elemente, kam wieder, und als er sich heraushob, sich aufrichtete im höheren Sonnenschein sich abzutrocknen, glaubt' ich meine Augen von einer dreifachen Sonne geblendet, so schön war die menschliche Gestalt von der ich nie einen Begriff gehabt. Er schien mich mit gleicher Aufmerksamkeit zu betrachten. Schnell angekleidet standen wir uns noch immer unverhüllt gegeneinander, unsere Gemüter zogen sich an und unter den feurigsten Küssen schwuren wir eine ewige Freundschaft.

Sodann aber eilig eilig gelangten wir nach Hause, gerade zur rechten Zeit als die Gesellschaft den angenehmsten Fußweg durch Busch und Wald etwa anderthalb Stunden nach der Wohnung des Amtmanns antrat. Mein Freund begleitete mich, wir schienen schon unzertrennlich; als ich aber hälftewegs um Erlaubnis bat, ihn mit in des Amtmanns Wohnung zu nehmen, verweigerte es die Pfarrerin, mit stiller Bemerkung des Unschicklichen, dagegen gab sie ihm den dringenden Auftrag: er solle seinem rückkehrenden Vater ja sagen, sie müsse bei ihrer Nachhausekunft notwendig schöne Krebse vorfinden, die sie den Gästen als eine Seltenheit nach der Stadt mitgeben wolle. Der Knabe schied, versprach aber mit Hand und Mund, heute Abend an dieser Waldecke meiner zu warten.

Die Gesellschaft gelangte nunmehr zum Amthause, wo wir auch einen ländlichen Zustand antrafen, doch höherer Art. Ein durch die Schuld der übertätigen Hausfrau sich verspätendes Mittagessen machte mich nicht ungeduldig, denn der Spaziergang in einem wohlgehaltenen Ziergarten, wohin die Tochter, etwas jünger als ich, mir den Weg begleitend anwies, war mir höchst unterhaltend. Frühlingsblumen aller Art standen in zierlich gezeichneten Feldern, sie ausfüllend oder ihre

Ränder schmückend. Meine Begleiterin war schön, blond, sanftmütig, wir gingen vertraulich zusammen, faßten uns bald bei der Hand und schienen nichts besseres zu wünschen. So gingen wir an Tulpenbeeten vorüber, so an gereihten Narzissen und Jonquillen; sie zeigte mir verschiedene Stellen, wo eben die herrlichsten Hyazinthenglocken schon abgeblüht hatten. Dagegen war auch für die folgenden Jahrszeiten gesorgt; schon grünten die Büsche der künftigen Ranunkeln und Anemonen; die auf zahlreiche Nelkenstöcke verwendete Sorgfalt versprach den mannigfaltigsten Flor; näher aber knospete schon die Hoffnung vielblumiger Lilienstengel gar weislich zwischen Rosen verteilt. Und wie manche Laube versprach nicht zunächst mit Geißblatt, Jasmin, reben- und rankenartigen Gewächsen zu prangen und zu schatten.

Betracht' ich nach so vielen Jahren meinen damaligen Zustand, so scheint er mir wirklich beneidenswert. Unerwartet, in demselbigen Augenblick, ergriff mich das Vorgefühl von Freundschaft und Liebe. Denn als ich ungern Abschied nahm von dem schönen Kinde, tröstete mich der Gedanke, diese Gefühle meinem jungen Freunde zu eröffnen, zu vertrauen und seiner Teilnahme zugleich mit diesen frischen Empfindungen zu freuen.

Und wenn ich hier noch eine Betrachtung anknüpfe, so darf ich wohl bekennen: daß im Laufe des Lebens mir jenes erste Aufblühen der Außenwelt als die eigentliche Originalnatur vorkam, gegen die alles übrige was uns nachher zu den Sinnen kommt nur Kopien zu sein scheinen, die bei aller Annäherung an jenes doch des eigentlich ursprünglichen Geistes und Sinnes ermangeln.

Wie müßten wir verzweifeln das Äußere so kalt, so leblos zu erblicken, wenn nicht in unserm Innern sich etwas entwikkelte, das auf eine ganz andere Weise die Natur verherrlicht, indem es uns selbst in ihr zu verschönen eine schöpferische Kraft erweis't.

Es dämmerte schon als wir uns der Waldecke wieder näherten, wo der junge Freund meiner zu warten versprochen hatte. Ich strengte die Sehkraft möglichst an um seine Gegenwart zu erforschen; als es mir nicht gelingen wollte lief ich ungeduldig der langsam schreitenden Gesellschaft voraus, rannte durch's Gebüsche hin und wider. Ich rief, ich ängstigte mich; er war nicht zu sehen und antwortete nicht; ich empfand zum erstenmal einen leidenschaftlichen Schmerz, doppelt und vielfach.

Schon entwickelte sich in mir die unmäßige Forderung vertraulicher Zuneigung, schon war es ein unwiderstehlich Bedürfnis meinen Geist von dem Bilde jener Blondine durch Plaudern zu befreien, mein Herz von den Gefühlen zu erlösen, die sie in mir aufgeregt hatte. Es war voll, der Mund lispelte schon um überzufließen; ich tadelte laut den guten Knaben, wegen verletzter Freundschaft, wegen vernachlässigter Zusage.

Bald aber sollten mir schwerere Prüfungen zugedacht sein. Aus den ersten Häusern des Ortes stürzten Weiber schreiend heraus, heulende Kinder folgten, niemand gab Red' und Antwort. Von der einen Seite her um das Eckhaus sahen wir einen Trauerzug herumziehen, er bewegte sich langsam die lange Straße hin; es schien wie ein Leichenzug, aber ein vielfacher; des Tragens und Schleppens war kein Ende. Das Geschrei dauerte fort, es vermehrte sich, die Menge lief zusammen. Sie sind ertrunken, alle sämtlich ertrunken! Der! wer? welcher?

Die Mütter, die ihre Kinder um sich sahen schienen getröstet. Aber ein ernster Mann trat heran und sprach zur Pfarrerin: unglücklicherweise bin ich zu lange außen geblieben, ertrunken ist Adolph selbfünfe, er wollte sein Versprechen halten und meins. Der Mann, der Fischer selbst war es, ging weiter dem Zuge nach, wir standen erschreckt und erstarrt. Da trat ein kleiner Knabe heran, reichte einen Sack dar: »hier die Krebse, Frau Pfarrerin,« und hielt das Zeichen hoch in die Höhe. Man entsetzte sich davor wie vor dem Schädlichsten, man fragte, man forschte und erfuhr so viel: dieser letzte Kleine war am Ufer geblieben, er las die Krebse auf die sie ihm von unten zuwarfen. Alsdann aber nach vielem Fragen und Wiederfragen erfuhr man: Adolph mit zwei verständigen Knaben sei unten am und im Wasser hingegangen, zwei andere jüngere haben sich ungebeten dazu gesellt, die durch kein Schelten und Drohen abzuhalten gewesen. Nun waren über eine steinige gefährliche Stelle die ersten fast hinaus, die letzten gleiteten, griffen zu und zerrten immer einer den andern hinunter; so geschah es zuletzt auch dem Vordersten und alle stürzten in die Tiefe. Adolph, als guter Schwimmer, hätte sich gerettet, alles aber hielt in der Angst sich an ihn, er ward niedergezogen. Dieser Kleine sodann war schreiend in's Dorf gelaufen seinen Sack mit Krebsen fest in den Händen. Mit andern Aufgerufenen eilte der zufällig spät rückkehrende Fischer dorthin; man hatte sie nach und nach herausgezogen, tot gefunden und nun trug man sie herein.

Der Pfarrherr mit dem Vater gingen bedenklich dem Gemeindehause zu; der volle Mond war aufgegangen und beleuchtete die Pfade des Todes; ich folgte leidenschaftlich, man wollte mich nicht einlassen; ich war im schrecklichsten Zustande. Ich umging das Haus und rastete nicht; endlich ersah ich meinen Vorteil und sprang zum offenen Fenster hinein.

In dem großen Saale, wo Versammlungen aller Art gehalten werden, lagen die Unglückseligen auf Stroh, nackt, ausgestreckt, glänzendweiße Leiber, auch bei düsterm Lampenschein hervorleuchtend. Ich warf mich auf den größten, auf meinen Freund; ich wüßte nicht von meinem Zustand zu sagen, ich weinte bitterlich und überschwemmte seine breite Brust mit unendlichen Tränen. Ich hatte etwas von Reiben gehört das in solchem Falle hülfreich sein sollte, ich rieb meine Tränen ein und belog mich mit der Wärme, die ich erregte. In der Verwirrung dacht' ich ihm Atem einzublasen, aber die Perlenreihen seiner Zähne waren fest verschlossen, die Lippen auf denen der Abschiedskuß noch zu ruhen schien, versagten auch das leiseste Zeichen der Erwiderung. An menschlicher Hülfe verzweifelnd wandt' ich mich zum Gebet, ich flehte, ich betete, es war mir als wenn ich in diesem Augenblicke Wunder tun müßte, die noch inwohnende Seele hervorzurufen, die noch in der Nähe schwebende wieder hineinzulocken.

Man riß mich weg; weinend, schluchzend saß ich im Wagen und vernahm kaum was die Eltern sagten: unsere Mutter, was ich nachher so oft wiederholen hörte, hatte sich in den Willen Gottes ergeben. Ich war indessen eingeschlafen und erwachte verdüstert am späten Morgen in einem rätselhaften verwirrten Zustande.

Als ich mich aber zum Frühstück begab, fand ich Mutter, Tante und Köchin in wichtiger Beratung. Die Krebse sollten nicht gesotten, nicht auf den Tisch gebracht werden; der Vater wollte eine so unmittelbare Erinnerung an das nächst vergangene Unglück nicht erdulden. Die Tante schien sich dieser seltenen Geschöpfe eifrigst bemächtigen zu wollen, schalt aber nebenher auf mich, daß wir die Schlüsselblumen mitzubringen versäumt; doch schien sie sich bald hierüber zu beruhigen, als man jene lebhaft durcheinander kriechenden Mißgestalten ihr zu beliebiger Verfügung übergab, worauf sie denn deren weitere Behandlung mit der Köchin verabredete.

Um aber die Bedeutung dieser Szene klar zu machen, muß ich von dem Charakter und dem Wesen dieser Frau das Nähere vermelden: Die Eigenschaften, von denen sie beherrscht wurde, konnte man, sittlich betrachtet, keineswegs rühmen; und doch brachten sie, bürgerlich und politisch angesehen, manche gute Wirkung hervor. Sie war im eigentlichen Sinne geldgeizig, denn es dauerte sie jeder bare Pfennig den sie aus der Hand geben sollte, und sah sich überall für ihre Bedürfnisse nach Surrogaten um, welche man umsonst, durch Tausch oder irgend eine Weise beischaffen konnte. So waren die Schlüsselblumen zum Tee bestimmt, den sie für gesünder hielt als irgend einen chinesischen. Gott habe einem jeden Land das Notwendige verliehen, es sei nun zur Nahrung, zur Würze, zur Arzenei, man brauche sich deshalb nicht an fremde Länder zu wenden. So besorgte sie in einem kleinen Garten alles, was nach ihrem Sinn die Speisen schmackhaft mache und Kranken zuträglich wäre: sie besuchte keinen fremden Garten ohne dergleichen von da mitzubringen.

Diese Gesinnung und was daraus folgte konnte man ihr sehr gerne zugeben, da ihre emsig gesammelte Barschaft der Familie doch endlich zu Gute kommen sollte; auch wußten Vater und Mutter hierin durchaus ihr nachzugeben und förderlich zu sein.

Eine andere Leidenschaft jedoch, eine tätige, die sich unermüdet geschäftig hervortat, war der Stolz, für eine bedeutende einflußreiche Person gehalten zu werden. Und sie hatte fürwahr diesen Ruhm sich verdient und erreicht; denn die sonst unnützen, sogar oft schädlichen unter Frauen obwaltenden Klatschereien wußte sie zu ihrem Vorteil anzuwenden. Alles was in der Stadt vorging, und daher auch das Innere der Familien, war ihr genau bekannt, und es ereignete sich nicht leicht ein zweifelhafter Fall, in den sie sich nicht zu mischen gewußt hätte, welches ihr um desto mehr gelang als sie immer nur zu nutzen trachtete, dadurch aber ihren Ruhm und guten Namen zu steigern wußte. Manche Heirat hatte sie geschlossen, wobei wenigstens der eine Teil vielleicht zufrieden blieb. Was sie aber am meisten beschäftigte, war das Fördern und Befördern solcher Personen, die ein Amt, eine Anstellung suchten, wodurch sie sich denn wirklich eine große Anzahl Klienten erwarb, deren Einfluß sie dann wieder zu benutzen wußte.

Als Witwe eines nicht unbedeutenden Beamten, eines rechtlichen strengen Mannes, hatte sie denn doch gelernt, wie man diejenigen durch Kleinigkeiten gewinnt, denen man durch bedeutendes Anerbieten nicht beikommen kann.

Um aber ohne fernere Weitläufigkeit auf dem betretenen Pfade zu bleiben, sei zunächst bemerkt, daß sie auf einen Mann, der eine wichtige Stelle bekleidete, sich großen Einfluß zu verschaffen gewußt. Er war geizig gleich ihr, und zu seinem Unglück eben so speiselustig und genäschig. Ihm also unter irgend einem Vorwande ein schmackhaftes Gericht auf die Tafel zu bringen, blieb ihre erste Sorge. Sein Gewissen war nicht das zarteste, aber auch sein Mut, seine Verwegenheit mußte in Anspruch genommen werden, wenn er in bedenklichen Fällen den Widerstand seiner Kollegen überwinden und die Stimme der Pflicht, die sie ihm entgegensetzten, übertäuben sollte.

Nun war gerade der Fall, daß sie einen Unwürdigen begünstigte; sie hatte das möglichste getan ihn einzuschieben; die Angelegenheit hatte für sie eine günstige Wendung genommen, und nun kamen ihr die Krebse, dergleichen man freilich selten gesehen, glücklicher Weise zu Statten. Sie sollten sorgfältig gefüttert und nach und nach dem hohen Gönner, der gewöhnlich ganz allein sehr kärglich speis'te, auf die Tafel gebracht werden.

Übrigens gab der unglückliche Vorfall zu manchen Gesprächen und geselligen Bewegungen Anlaß. Mein Vater war jener Zeit einer der ersten, der seine Betrachtung, seine Sorge, über die Familie, über die Stadt hinaus zu erstrecken durch einen allgemein wohlwollenden Geist getrieben ward. Die großen Hindernisse, welche der Einimpfung der Blattern anfangs entgegen standen, zu beseitigen, war er mit verständigen Ärzten und Polizeiverwandten bemüht. Größere Sorgfalt in den Hospitälern, menschlichere Behandlung der Gefangenen und was sich hieran ferner schließen mag, machte das Geschäft wo nicht seines Lebens, doch seines Lesens und Nachdenkens; wie er denn auch seine Überzeugung überall aussprach und dadurch manches Gute bewirkte.

Er sah die bürgerliche Gesellschaft, welcher Staatsform sie auch untergeordnet wäre, als einen Naturzustand an, der sein Gutes und sein Böses habe, seine gewöhnlichen Lebensläufe, abwechselnd reiche und kümmerliche Jahre, nicht weniger zufällig und unregelmäßig Hagelschlag, Wasserfluten, und Brandschäden; das Gute sei zu ergreifen und zu nutzen, das Böse abzuwenden oder zu ertragen; nichts aber, meinte er, sei wünschenswerter als die Verbreitung des allgemeinen guten Willens, unabhängig von jeder andern Bedingung.

In Gefolg einer solchen Gemütsart mußte er nun bestimmt werden, eine schon früher angeregte, wohltätige Angelegenheit wieder zur Sprache zu bringen; es war die Wiederbelebung der für tot Gehaltenen, auf welche Weise sich auch die äußern Zeichen des Lebens möchten verloren haben. Bei solchen Gesprächen erhorchte ich mir nun, daß man bei jenen Kindern das Umgekehrte versucht und angewendet, ja sie gewissermaßen erst ermordet; ferner hielt man dafür, daß durch einen Aderlaß vielleicht ihnen allen wäre zu helfen gewesen. In meinem jugendlichen Eifer nahm ich mir daher im Stillen vor, ich wollte keine Gelegenheit versäumen, alles zu lernen was in solchem Falle nötig wäre, besonders das Aderlassen und was dergleichen Dinge mehr waren.

Allein wie bald nahm mich der gewöhnliche Tag mit sich fort. Das Bedürfnis nach Freundschaft und Liebe war aufgeregt, überall schaut' ich mich um es zu befriedigen. Indessen ward Sinnlichkeit, Einbildungskraft und Geist durch das Theater übermäßig beschäftigt; wie weit ich hier geführt und verführt worden, darf ich nicht wiederholen.

Wenn ich nun aber nach dieser umständlichen Erzählung zu bekennen habe, daß ich noch immer nicht an's Ziel meiner Absicht gelangt sei, und daß ich nur durch einen Umweg dahin zu gelangen hoffen darf, was soll ich da sagen! wie kann ich mich entschuldigen! Allenfalls hätte ich folgendes vorzubringen: Wenn es dem Humoristen erlaubt ist, das Hundertste in's Tausendste durcheinander zu werfen, wenn er kecklich seinem Leser überläßt, das was allenfalls daraus zu nehmen sei in halber Bedeutung endlich aufzufinden, sollte es dem Verständigen, dem Vernünftigen nicht zustehen auf eine seltsam scheinende Weise rings umher nach vielen Punkten hinzuwirken, damit man sie in Einem Brennpunkte zuletzt abgespielt und zusammengefaßt erkenne, einsehen lerne wie die verschiedensten Einwirkungen den Menschen umringend zu einem Entschluß treiben, den er auf keine andere Weise, weder aus innerm Trieb noch äußerm Anlaß, hätte ergreifen können?

Bei dem mannigfaltigen, was mir noch zu sagen übrig bleibt, habe ich die Wahl, was ich zuerst vornehmen will; aber auch dies ist gleichgültig, du mußt dich eben in Geduld fassen, lesen und weiter lesen, zuletzt wird denn doch auf einmal hervorspringen und dir ganz natürlich scheinen was mit einem Worte ausgesprochen dir höchst seltsam vorgekommen wäre, und zwar auf einen Grad daß du nachher diesen Einleitungen in Form von Erklärungen kaum einen Augenblick hättest schenken mögen.

Um nun aber einigermaßen in die Richte zu kommen, will ich mich wieder nach jenem Ruderpflock umsehen und eines Gesprächs gedenken, das ich mit unserem geprüften Freunde, Jarno, den ich unter dem Namen Montan im Gebirge fand, zu ganz besonderer Erweckung eigner Gefühle zufällig zu führen veranlaßt ward. Die Angelegenheiten unseres Lebens haben einen geheimnisvollen Gang, der sich nicht berechnen läßt. Du erinnerst dich gewiß jenes Bestecks, das euer tüchtiger Wundarzt hervorzog, als du dich mir, wie ich verwundet im Walde hingestreckt lag, hülfreich nähertest? Es leuchtete mir damals dergestalt in die Augen und machte einen so tiefen Eindruck, daß ich ganz entzückt war, als ich nach Jahren es in den Händen eines Jüngeren wiederfand. Dieser legte keinen besondern Wert darauf; die Instrumente sämtlich hatten sich in neuerer Zeit verbessert und waren zweckmäßiger eingerichtet, und ich erlangte jenes um desto eher, als ihm die Anschaffung eines neuen dadurch erleichtert wurde. Nun führte ich es immer mit mir, freilich zu keinem Gebrauch, aber desto sicherer zu tröstlicher Erinnerung: Es war Zeuge des Augenblicks wo mein Glück begann, zu dem ich erst durch großen Umweg gelangen sollte.

Zufällig sah es Jarno, als wir bei dem Köhler übernachteten, der es alsobald erkannte, und auf meine Erklärung erwiderte: »Ich habe nichts dagegen, daß man sich einen solchen Fetisch aufstellt, zur Erinnerung an manches unerwartete Gute, an bedeutende Folgen eines gleichgültigen Umstandes, es hebt uns empor als etwas das auf ein Unbegreifliches deutet, erquickt uns in Verlegenheiten und ermutigt unsere Hoffnungen; aber schöner wäre es, wenn du dich durch jene Werkzeuge hättest anreizen lassen, auch ihren Gebrauch zu verstehen und dasjenige zu leisten was sie stumm von dir fordern.«

»Laß mich bekennen,« versetzte ich darauf, »daß mir dies hundertmal eingefallen ist; es regte sich in mir eine innere Stimme, die mich meinen eigentlichen Beruf hieran erkennen ließ.« Ich erzählte ihm hierauf die Geschichte der ertrunkenen Knaben, und wie ich damals gehört, ihnen wäre zu helfen gewesen wenn man ihnen zur Ader gelassen hätte; ich nahm mir vor es zu lernen, doch jede Stunde löschte den Vorsatz aus.

»So ergreif ihn jetzt,« versetzte jener, »ich sehe dich schon so lange mit Angelegenheiten beschäftigt, die des Menschen Geist, Gemüt, Herz, und wie man das alles nennt, betreffen und sich darauf beziehen; allein was hast du dabei für dich und andere gewonnen? Seelenleiden, in die wir durch Unglück oder eigne Fehler geraten, sie zu heilen vermag der Verstand nichts, die Vernunft wenig, die Zeit viel, entschlossene Tätigkeit hingegen alles. Hier wirke jeder mit und auf sich selbst, das hast du an dir, hast es an andern erfahren.«

Mit heftigen und bittern Worten, wie er gewohnt ist, setzte er mir zu und sagte manches harte das ich nicht wiederholen mag. Es sei nichts mehr der Mühe wert, schloß er endlich, zu lernen und zu leisten, als dem Gesunden zu helfen, wenn er durch irgend einen Zufall verletzt sei; durch einsichtige Behandlung stelle sich die Natur leicht wieder her, die Kranken müsse man den Ärzten überlassen, niemand aber bedürfe eines Wundarztes mehr als der Gesunde. In der Stille des Landlebens, im engsten Kreis der Familie sei er eben so willkommen als in und nach dem Getümmel der Schlacht; in den süßesten Augenblicken wie in den bittersten und gräßlichsten; überall walte das böse Geschick grimmiger als der Tod, und eben so rücksichtslos, ja noch auf eine schmählichere, Lust und Leben verletzende Weise.

Du kennst ihn und denkst ohne Anstrengung, daß er mich so wenig als die Welt schonte. Am stärksten aber lehnte er sich auf das Argument, das er im Namen der großen Gesellschaft gegen mich wendete. »Narrenpossen,« sagte er, »sind eure allgemeine Bildung und alle Anstalten dazu. Daß ein Mensch etwas ganz entschieden verstehe, vorzüglich leiste, wie nicht leicht ein anderer in der nächsten Umgebung, darauf kommt es an, und besonders in unserm Verbande spricht es sich von selbst aus. Du bist gerade in einem Alter, wo man sich mit Verstande etwas vorsetzt, mit Einsicht das Vorliegende beurteilt, es von der rechten Seite angreift, seine Fähigkeiten und Fertigkeiten auf den rechten Zweck hinlenkt.«

Was soll ich nun weiter fortfahren auszusprechen was sich von selbst versteht! Er machte mir deutlich, daß ich Dispensation von dem so wunderlich gebotenen unsteten Leben erhalten könne; es werde jedoch schwer sein es für mich zu erlangen. »Du bist von der Menschenart,« sprach er, »die sich leicht an einen Ort, nicht leicht an eine Bestimmung gewöhnen. Allen solchen wird die unstete Lebensart vorgeschrieben, damit sie vielleicht zu einer sichern Lebensweise gelangen. Willst du dich ernstlich dem göttlichsten aller Geschäfte widmen, ohne Wunder zu heilen und ohne Worte Wunder zu tun, so verwende ich mich für dich.« So sprach er hastig und fügte hinzu was seine Beredsamkeit noch alles für gewaltige Gründe vorzubringen wußte.

Hier nun bin ich geneigt zu enden, zunächst aber sollst du umständlich erfahren wie ich die Erlaubnis, an bestimmten Orten mich länger aufhalten zu dürfen, benutzt habe, wie ich in das Geschäft, wozu ich immer eine stille Neigung empfunden, mich gar bald zu fügen, mich darin auszubilden wußte. Genug! bei dem großen Unternehmen, dem ihr entgegen geht, werd' ich als ein nützliches als ein nötiges Glied der Gesellschaft erscheinen und euren Wegen, mit einer gewissen Sicherheit, mich anschließen; mit einigem Stolze, denn es ist ein löblicher Stolz euer wert zu sein.

FA I.10, S. 540-556

Schwalben, Spargel und Nachtigallen

An meine Lieder

Seid, geliebte kleine Lieder,
Zeugen meiner Fröhligkeit;
Ach sie kömmt gewiß nicht wieder,
Dieser Tage Frühlingszeit.

Bald entflieht der Freund der Scherze,
Er, dem ich euch sang, mein Freund.
Ach, daß auch vielleicht dies Herze
Bald um meine Liebste weint!

Doch, wenn nach der Trennung Leiden
Einst auf euch Ihr Auge blickt,
Dann erinnert Sie der Freuden,
Die uns sonst vereint erquickt.

FA I.1, S.74

Zueignung

Da sind sie nun! Da habt ihr sie!
Die Lieder, ohne Kunst und Müh
Am Rand des Bachs entsprungen.
Verliebt, und jung, und voll Gefühl
Trieb ich der Jugend altes Spiel,
Und hab sie so gesungen.

Sie singe, wer sie singen mag!
An einem hübschen Frühlingstag

Kann sie der Jüngling brauchen.
Der Dichter blinzt von ferne zu,
Jetzt drückt ihm diätetische Ruh
Den Daumen auf die Augen.

Halb scheel, halb weise sieht sein Blick,
Ein bißgen naß auf euer Glück,
Und jammert in Sentenzen.
Hört seine letzten Lehren an,
Er hat's so gut wie ihr getan
Und kennt des Glückes Grenzen.

Ihr seufzt, und singt, und schmelzt und küßt,
Und jauchzet ohne daß ihr's wißt,
Dem Abgrund in der Nähe.
Flieht Wiese, Bach und Sonnenschein,
Schleicht, soll's euch wohl im Winter sein,
Bald zu dem Herd der Ehe.

Ihr lacht mich aus und ruft: der Tor!
Der Fuchs, der seinen Schwanz verlor,
Verschnitt jetzt gern uns alle.
Doch hier paßt nicht die Fabel ganz,
Das treue Füchslein ohne Schwanz
Das warnt euch für der Falle.

FA I.1, S. 95f.

19. Mai 1776
An Charlotte von Stein

Zum erstenmal im Garten geschlafen, und nun Erdtulin für ewig. Da sind Spargel, erst iezt gestochen, lassen Sie sie nicht unter die andern kommen, essen Sie sie allein da Sie doch einmal das glückliche Vorurtheil dafür haben; wie mir's eben am besten schmeckt, wenn ich sie mit Ihnen esse. Sagen Sie mir wie's Ihnen heut Mitag ist. Ob ich kommen darf? Die Ruhe hierhaussen ist unendlich.

WA IV.3, S. 62

Weimar, 31. März 1778
An Charlotte von Stein

Wenngleich die Feyerlichkeit die Sie heute erwartet ein geringes Morgenbrodt des Einsiedlers auslöschen muss; so schick ich doch Ihnen und Frizzen ein Stück Kuchen. Die Götter sind lieblich im Frühlingsregen und warmen Wind.

WA IV.3, S. 217

2. Februar 1779
An Charlotte von Stein

Die Wittrung von Frühlingslufft hat mich heut früh recht lebendig gemacht, ich bin im Garten herumgesprungen, meine Bäume besehen, habe mich der Zeiten erinnert da ich sie

pflanzte und wie nun die gewünschten und gehofften Zeiten
da sind, wo sie gedeyen, gefühlt. Gebe uns der Himel den Ge-
nuss davon, und stäube allen Ackten und Hofstaub um uns
weg. Adieu liebste.

WA IV.4, S. 10

Weimar, 18. Februar 1782
An W.C. von Diede

Es gehet auf das Frühjahr zu, und die Hoffnung dieser ange-
nehmen Zeit, wo man sich gerne in Wäldern und Büschen et-
was zu schaffen macht, bringt auch diese Sache bey mir wie-
der in Bewegung.

WA IV.30, S. 19 (geplant war eine Aufstellung von Monumenten im Park)

Gerstungen, 5. April 1782
An Charlotte von Stein

Deine Worte kommen mir mit den Frühlingslüfften gar zu
lieblich entgegen, und rufen mich zu dir hinüber. Manchmal
fühl ich recht mit Ungeduld daß ich dich noch so lange ent-
behren muß. Bewahre mir deine Liebe in der Stille und gieb
mir auf einmal was mir die Entfernung versagt.

WA IV.5, S. 297

Weimar, 1. Mai 1805
An Karl Ludwig von Knebel

Ob ich gleich sonst nicht lecker bin und das Aufkeimen einer
jeden eßbaren Pflanze ganz ruhig abwarte, so ist mir doch
diesmal die Langsamkeit der Spargel höchst verdrießlich:
denn nach einer so langen Winterkrankheit wissen die Ärzte
fast selbst nichts weiter, als daß sie einen auf die nächste Vege-
tation anweisen. Nun harren wir deren diesmal freilich allzu-
lange.

FA II.5, S. 566f.

Aus »Dichtung und Wahrheit«
Zwölftes Buch

Zuletzt nahm ich das Wort und sagte: »die Literaturen,
scheint es mir, haben Jahrszeiten, die mit einander abwech-
selnd, wie in der Natur, gewisse Phänomene hervorbringen,
und sich der Reihe nach wiederholen. Ich glaube daher nicht,
daß man irgend eine Epoche einer Literatur im Ganzen loben
oder tadeln könne; besonders sehe ich nicht gerne, wenn man
gewisse Talente, die von der Zeit hervorgerufen werden, so
hoch erhebt und rühmt, andere dagegen schilt und nieder-
drückt. Die Kehle der Nachtigall wird durch das Frühjahr auf-
geregt, zugleich aber auch die Gurgel des Guckuks. Die
Schmetterlinge, die dem Auge so wohl tun, und die Mücken,
welche dem Gefühl so verdrießlich fallen, werden durch eben
die Sonnenwärme hervorgerufen; beherzigte man dies, so
würde man dieselbigen Klagen nicht alle zehn Jahre wieder

erneuert hören, und die vergebliche Mühe, dieses und jenes Mißfällige auszurotten, würde nicht so oft verschwendet werden.«

FA I.14, S. 596f.

Jena, 2. Juli 1819
An Johanna Frommann

Wo beikommende Frühlings-Feldblumen gepflückt und der Strauß geordnet sein mögte, gebe zu errathen. Dürft ich mir ihn nach Tische zurück erbitten.
nachbarlichst
Goethe

WA IV.31, S. 207

Ländlich

Die Nachtigall sie war entfernt,
Der Frühling lockt sie wieder;
Was neues hat sie nicht gelernt,
Singt alte liebe Lieder.

—

Übermütig sieht's nicht aus
Dieses kleine Gartenhaus,
Allen die sich drin genährt
Ward ein guter Mut beschert.

—

Gar manches artig ist geschehn
Durch leichte Griffel-Spiele;
Doch, recht betrachtet, wohl besehn.
Fehlt immer Hain und Mühle.

—

Erinnr' ich mich doch spät und früh
Des lieblichsten Gesichts,
Sie denkt an mich, ich denk' an sie
Und beiden hilft es nichts.

FA I.2, S. 526

Das holde Tal hat schon die Sonne wieder
Mit Frühlingsblüt' und Blumen angefüllt,
Die Nachtigall singt immer neue Lieder
Dem Hochgefühl das ihr entgegen quillt;
Erfreue dich der gottverliehnen Gaben!
Froh, wie er dich erschuf, will er dich haben.

FA I.2, S. 598

Weimar, 7. März 1814
An Johann Heinrich Meyer

Jeden Posttag gedachte ich bisher zu schreiben, und zauderte
immer, weil ich auf einen Brief von Ihnen hoffte. Wahrschein-
lich ist es Ihnen auch so gegangen. Da nun aber die Märzen-
luft gelinder weht, und den tiefen Schnee zu schmelzen an-
fängt, der unsere Gegend bisher bedeckt hielt; so dürfen wir
nun an das Frühjahr, sowie an den nächsten Sommer denken,

und uns über unsre Plane und Absichten vorläufig unterhalten.

Ich habe mich diesen Winter sehr wohl befunden, und um dem geringen gichtischen Wesen, das mir manchmal durch die Glieder fährt, zu steuern, halte ich das Berkaische Bad für hinlänglich; und allenfalls könnte ich mich ja, gegen den Herbst, noch einige Wochen nach Böhmen wenden. Die größte Zeit des Jahres aber möchte ich in Weimar und in der Gegend zubringen, aus mancherlei Ursachen, aber auch um meine Kunstbesitzungen und wissenschaftlichen Sammlungen in einige Ordnung zu stellen, daß sie mir und andern genießbar und nützlich würden. Mit den Kupfern ist schon ein guter Anfang gemacht; die Bronzen, Marmorbilder und Reliefs stehen auch beisammen, nicht weniger das Gestein, und so kann eins sich an das andere anschließen. Gar manches andere wäre auch in unsern öffentlichen Dingen zu bedenken und zu tun, da unser Besitz nicht gestört noch verkümmert worden; aber der Geist weicht aus den Sachen, weil die Geister alle auswärts beschäftigt sind.

Wollen Sie nun auch mit den Schwalben zu uns zurückkehren, so sollen Sie schönstens willkommen sein, und wenigstens so ruhig leben als irgendwo. In der Schweiz, scheint es, sind die Gemüter durch die neue Entbindung vom Zwange ebenso aufgeregt wie überall: man will weder das Alte noch das Neue, und da dies der Zustand von Europa wenigstens eine Zeitlang bleiben möchte, so haben wir andern wohl nichts zu tun, als uns im Alten das wir erprobt zu bestätigen, und uns zu erneuen insofern wir noch eine Haut abzuwerfen haben.

FA II.7, S. 320f.

Im Alter, im Garten

Jena, 23. April 1812
An Christiane Goethe

Hier schicke ich Resedasamen in Menge.

Stiefmütterchensamen sehr wenig, weil er selten ist. Laßt also den Raum unter dem Steine gegen der Gartenthür über graben, von Unkraut reinigen, und recht sauber zurechte machen, und besäet ihn weitläufig mit dem Wenigen; kann ich mehr schicken, so könnt ihr immer noch einmal aufsäen. Finde ich keinen weiter, so hat es auch nichts zu sagen, denn im Herbste säet er sich selbst aus, und übers Jahr ist der ganze Raum dicht voll.

WA IV.22, S. 351f.

Weimar, 21. November 1814
An Carl Friedrich Zelter

Auch ich sehe dem Frühjahre und den warmen Bädern mit Verlangen entgegen. Im Alter thäte man wohl, wie Karl der Große, seine Residenz in einem solchen Dunstkreise zu fixiren. Und somit Gott befohlen.

WA IV.25, S. 88

Eckermann, Gespräche mit Goethe
22. März 1824

Mit Goethe vor Tisch nach seinem Garten gefahren.

Die Lage dieses Gartens, jenseits der Ilm, in der Nähe des Parks, an dem westlichen Abhange eines Hügelzuges, hat etwas sehr Trauliches. Vor Nord- und Ostwinden geschützt, ist er den erwärmenden und belebenden Einwirkungen des südlichen und westlichen Himmels offen, welches ihn, besonders im Herbst und Frühling, zu einem höchst angenehmen Aufenthalte macht.

Der in nordwestlicher Richtung liegenden Stadt ist man so nahe, daß man in wenigen Minuten dort sein kann, und doch, wenn man umherblickt, sieht man nirgend ein Gebäude oder eine Turmspitze ragen, die an eine solche städtische Nähe erinnern könnte; die hohen dichten Bäume des Parks verhüllen alle Aussicht nach jener Seite. Sie ziehen sich links, nach Norden zu, unter dem Namen des Sternes, ganz nahe an den Fahrweg heran, der unmittelbar vor dem Garten vorüberführt.

Gegen Westen und Südwesten blickt man frei über eine geräumige Wiese hin, durch welche, in der Entfernung eines guten Pfeilschusses, die Ilm in stillen Windungen vorbeigeht. Jenseits des Flusses erhebt sich das Ufer gleichfalls hügelartig, an dessen Abhängen und auf dessen Höhe, in den mannigfaltigen Laub-Schattierungen hoher Erlen, Eschen, Pappelweiden und Birken, der sich breit hinziehende Park grünet, indem er den Horizont gegen Mittag und Abend in erfreulicher Entfernung begrenzet.

Diese Ansicht des Parkes über die Wiese hin, besonders im Sommer, gewährt den Eindruck, als sei man in der Nähe eines Waldes, der sich Stundenweit ausdehnt. Man denkt, es müsse jeden Augenblick ein Hirsch, ein Reh auf die Wiesenfläche

hervorkommen. Man fühlt sich in den Frieden tiefer Natur-
einsamkeit versetzt, denn die große Stille ist oft durch nichts
unterbrochen, als durch die einsamen Töne der Amsel oder
durch den pausenweise abwechselnden Gesang einer Wald-
drossel.

Aus solchen Träumen gänzlicher Abgeschiedenheit erwek-
ket uns jedoch das gelegentliche Schlagen der Turmuhr, das
Geschrei der Pfauen von der Höhe des Parks herüber, oder
das Trommeln und Hörnerblasen des Militärs der Kaserne.
Und zwar nicht unangenehm; denn es erwacht mit solchen
Tönen das behagliche Nähegefühl der heimatlichen Stadt, von
der man sich meilenweit versetzt glaubte.

Zu gewissen Tages- und Jahres-Zeiten sind diese Wiesen-
flächen nichts weniger als einsam. Bald sieht man Landleute,
die nach Weimar zu Markt oder in Arbeit gehen und von
dort zurückkommen; bald Spaziergänger aller Art längs den
Krümmungen der Ilm, besonders in der Richtung nach Ober-
weimar, das zu gewissen Tagen ein sehr besuchter Ort ist. So-
dann die Zeit der Heuernte belebt diese Räume auf das Hei-
terste. Hinterdrein sieht man weidende Schafherden, auch
wohl die stattlichen Schweizerkühe der nahen Ökonomie.

Heute jedoch war von allen diesen die Sinne erquickenden
Sommer-Erscheinungen noch keine Spur. Auf den Wiesen
waren kaum einige grünende Stellen sichtbar, die Bäume des
Parks standen noch in braunen Zweigen und Knospen; doch
verkündigte der Schlag der Finken, so wie der hin und wieder
vernehmbare Gesang der Amsel und Drossel das Herannahen
des Frühlings.

Die Luft war sommerartig, angenehm; es wehte ein sehr
linder Südwestwind. Einzelne kleine Gewitterwolken zogen
am heitern Himmel herüber, sehr hoch bemerkte man sich
auflösende Zirrus-Streifen. Wir betrachteten die Wolken ge-

nau und sahen, daß sich die ziehenden geballten der untern Region gleichfalls auflösten, woraus Goethe schloß, daß das Barometer im Steigen begriffen sein müsse.

Goethe sprach darauf sehr viel über das Steigen und Fallen des Barometers, welches er die Wasserbejahung und Wasserverneinung nannte. Er sprach über das Ein- und Ausatmen der Erde nach ewigen Gesetzen; über eine mögliche Sündflut bei fortwährender Wasserbejahung. Ferner: daß jeder Ort seine eigene Atmosphäre habe, daß jedoch in den Barometerständen von Europa eine große Gleichheit Statt finde. Die Natur sei inkommensurabel, und bei den großen Irregularitäten sei es sehr schwer das Gesetzliche zu finden.

Während er mich so über höhere Dinge belehrte, gingen wir in dem breiten Sandwege des Gartens auf und ab. Wir traten in die Nähe des Hauses, das er seinem Diener aufzuschließen befahl, um mir später das Innere zu zeigen. Die weißabgetünchten Außenseiten sah ich ganz mit Rosenstökken umgeben, die, von Spalieren gehalten, sich bis zum Dach hinaufgerankt hatten. Ich ging um das Haus herum und bemerkte zu meinem besonderen Interesse an den Wänden in den Zweigen des Rosengebüsches eine große Zahl mannigfaltiger Vogelnester, die sich von vorigem Sommer her erhalten hatten und jetzt bei mangelndem Laube den Blicken frei standen. Besonders Nester der Hänflinge und verschiedener Art Grasemücken, wie sie höher oder niedriger zu bauen Neigung haben.

Goethe führte mich darauf in das Innere des Hauses, das ich vorigen Sommer zu sehen versäumt hatte. Unten fand ich nur *ein* wohnbares Zimmer, an dessen Wänden einige Karten und Kupferstiche hingen; desgleichen ein farbiges Porträt Goethes in Lebensgröße und zwar von *Meyer* gemalt bald nach der Zurückkunft beider Freunde aus Italien. Goethe erscheint hier im kräftigen mittleren Mannesalter, sehr braun und etwas stark. Der Ausdruck des wenig belebten Gesichtes ist sehr ernst; man glaubt einen Mann zu sehen, dem die Last künftiger Taten auf der Seele liegt.

Wir gingen die Treppe hinauf in die oberen Zimmer; ich fand deren drei und ein Cabinetchen, aber alle sehr klein und ohne eigentliche Bequemlichkeit. Goethe sagte, daß er in früheren Jahren hier eine ganze Zeit mit Freuden gewohnt und sehr ruhig gearbeitet habe.

Die Temperatur dieser Zimmer war etwas kühl und wir trachteten wieder nach der milden Wärme im Freien. In dem Hauptwege in der Mittagssonne auf- und abgehend, kam das Gespräch auf die neueste Literatur, auf Schelling, und unter andern auch auf einige neue Schauspiele von Platen.

Bald jedoch kehrte unsere Aufmerksamkeit auf die uns umgebende nächste Natur zurück. Die Kaiserkronen und Lilien sproßten schon mächtig, auch kamen die Malven zu beiden Seiten des Weges schon grünend hervor.

Der obere Teil des Gartens, am Abhange des Hügels, liegt als Wiese mit einzelnen zerstreut stehenden Obstbäumen. Wege schlängeln sich hinauf, längs der Höhe hin und wieder herunter, welches einige Neigung in mir erregte mich oben umzusehen. Goethe schritt, diese Wege hinansteigend, mir rasch voran und ich freute mich über seine Rüstigkeit.

Oben an der Hecke fanden wir eine Pfauhenne, die vom fürstlichen Park herübergekommen zu sein schien; wobei Goethe mir sagte, daß er in Sommertagen die Pfauen durch ein beliebtes Futter herüberzulocken und herzugewöhnen pflege.

An der anderen Seite den sich schlängelnden Weg herabkommend, fand ich von Gebüsch umgeben einen Stein mit den eingehauenen Versen des bekannten Gedichtes:

»Hier im Stillen gedachte der Liebende seiner Geliebten« und ich hatte das Gefühl, daß ich mich an einer klassischen Stelle befinde.

Ganz nahe dabei kamen wir auf eine Baumgruppe halbwüchsiger Eichen, Tannen, Birken und Buchen. Unter den Tannen fand ich ein herabgeworfenes Gewölle eines Raubvogels; ich zeigte es Goethen, der mir erwiderte, daß er dergleichen an dieser Stelle häufig gefunden, woraus ich schloß, daß diese Tannen ein beliebter Aufenthalt einiger Eulen sein mögen, die in dieser Gegend häufig gefunden werden.

Wir traten um die Baumgruppe herum und befanden uns wieder an dem Hauptwege in der Nähe des Hauses. Die so eben umschrittenen Eichen, Tannen, Birken und Buchen, wie sie untermischt stehen, bilden hier einen Halbkreis, den innern Raum grottenartig überwölbend, worin wir uns auf kleinen Stühlen setzten die einen runden Tisch umgaben. Die Sonne war so mächtig, daß der geringe Schatten dieser blätterlosen Bäume bereits als eine Wohltat empfunden ward. »Bei großer Sommerhitze, sagte Goethe, weiß ich keine bessere Zuflucht als diese Stelle. Ich habe die Bäume vor vierzig Jahren alle eigenhändig gepflanzt, ich habe die Freude gehabt, sie heranwachsen zu sehen und genieße nun schon seit geraumer Zeit die Erquickung ihres Schattens. Das Laub dieser Eichen und Buchen ist der mächtigsten Sonne undurchdringlich; ich sitze hier gerne an warmen Sommertagen nach Tische, wo denn auf diesen Wiesen und auf dem ganzen Park umher oft eine Stille herrscht, von der die Alten sagen würden: *daß der Pan schlafe.*«

Indessen hörten wir es in der Stadt zwei Uhr schlagen und fuhren zurück.

FA II.12, S. 101-105

Weimar, 13. April 1824
An Amalie von Levetzow

Endlich ist der März vorüber, die Sonne steht höher, Schnee-glöckchen, Krokus und andre niedliche Frühblumen seh ich in Büschel und Reihen vor meinem Fenster und kann glauben daß die Freundinnen, Abends am traulichen Tische versammelt, mir ein Plätzchen unter Sich gönnen möchten.

Bisher habe ich Sie nur bey Festen, auf Bällen, im Theater mir dencken können, da wird es denn wohl an aufmercksamen Verehrern nicht gefehlt haben, die ich zu beneiden mich nicht enthalten könnte.

Das Frühjahr ist also da! Wie wird es mit dem Sommer werden? Bey dieser Frage ist mir nicht ganz wohl zu Muthe. Der verehrte Fürst scheint sich nach Westen hin zu neigen, da seine Diener den Osten im Auge behalten. Wie sich dieser Zwiespalt lösen wird ist nicht voraus zu sehen.

Sagen Sie mir indessen, theuerste Freundinn, mit mehr Entschiedenheit, wenn es möglich ist, Ihre Aussichten, Plane, Vorsätze für die nächste Zeit; dadurch gewänne man, im ungewissen Falle, doch einen Anhalt auf den man lossteuerte.

Ferner lassen Sie mich ja erfahren wie Sie diesen Winter zugebracht, möge ich das Beste hören! Mich hat er nicht glimpflich behandelt; mein aus Osten mitgebrachter guter Humor, im Andencken so schöner Stunden, machte mich sicher, ich traute mir zuviel zu und mußte dafür büsen.

Die liebe Jugend ist wohl so froh als gesund und ich kann mir sie im Freyen dencken; der Hünerhof und der Hasenberg erscheinen mir manchmal als wenn ich dagewesen wäre, oder dort seyn sollte.

So weit war schon zu Anfang des Monats geschrieben und manches hing noch in der Feder das nicht recht heraus wollte.

Nun aber soll das Blat ohne weitern Aufenthalt seinen Weg dahin nehmen wo ich die Botschaft lieber selbst ausrichtete, obgleich im Augenblick ungewiß wohin ich mich zu wenden hätte.

Gedencken Sie mein mit den lieben Kindern und gönnen mir die Hoffnung daß ich, mit den gleichen Gefühlen und einigen unterhaltenden Druckheften ankommend, den Lieben an dem alten Plätzchen willkommen seyn werde.

Indessen bleibt der zierliche Becher der Vertraute meiner Gedancken, die süßen Nahmenszüge nähern sich meinen Lippen, und der 28te August, wenn es nicht soweit hin wäre, sollte mir die erfreulichste Aussicht geben. Ein trautes Anstoßen und so weiter

unwandelbar

Weimar d. 13 Apr. 1824.   Goethe.

Den vierfüßigen Geleitsmann so wie die Weim. Münzen habe sogleich erinnert; sollte noch keine Erfüllung der Zusage erfolgt seyn, so wollen wir noch einmal anklopfen.

FA II.10, S. 155f.

Eckermann, Gespräche mit Goethe
2. Mai 1824

Gegen Abend hatte Goethe mich zu einer Spazierfahrt einladen lassen. Unser Weg ging durch Oberweimar über die Hügel, wo man gegen Westen die Ansicht des Parkes hat. Die Bäume blühten, die Birken waren schon belaubt und die Wiesen durchaus ein grüner Teppich, über welche die sinkende

Sonne herstreifte. Wir suchten malerische Gruppen und konnten die Augen nicht genug auftun. Es ward bemerkt, daß weißblühende Bäume nicht zu malen, weil sie kein Bild machen; so wie daß grünende Birken nicht im Vordergrunde eines Bildes zu gebrauchen, indem das schwache Laub dem weißen Stamme nicht das Gleichgewicht zu halten vermöge; es bilde keine große Partien, die man durch mächtige Licht- und Schatten-Massen herausheben könne. »Ruysdael, sagte Goethe, hat daher nie belaubte Birken in den Vordergrund ge- stellt, sondern bloße Birken-*Stämme*, abgebrochene, die kein Laub haben. Ein solcher Stamm paßt vortrefflich in den Vor- dergrund, denn seine helle Gestalt tritt auf das mächtigste her- aus.«

FA II.12, S. 114

Eckermann, Gespräche mit Goethe
27. April 1825

Es war indessen angespannt und wir fuhren in den untern Garten. Der Abend war still und milde, fast etwas schwül, und es zeigten sich große Wolken, die sich gewitterhaft zu Massen zusammenzogen. Wir gingen in dem trockenen Sand- wege auf und ab, Goethe still neben mir, scheinbar von allerlei Gedanken bewegt. Ich horchte indes auf die Töne der Amsel und Drossel, die auf den Spitzen der noch unbelaubten Eschen jenseit der Ilm dem sich bildenden Gewitter entgegen sangen.

Goethe ließ seine Blicke umherschweifen, bald an den Wol- ken, bald über das Grün hin, das überall an den Seiten des

Weges und auf der Wiese, wie an Büschen und Hecken, mächtig hervorquoll. »Ein warmer Gewitterregen, wie der Abend es verspricht, sagte er, und der Frühling wird in der ganzen Pracht und Fülle abermals wieder dasein.«

Indessen ward das Gewölk drohender, man hörte ein dumpfes Donnern, auch einige Tropfen fielen, und Goethe fand es geraten, wieder in die Stadt zurückzufahren. »Wenn Sie nichts vorhaben, sagte er, als wir an seiner Wohnung abstiegen, so gehen Sie wohl mit hinauf und bleiben noch ein Stündchen bei mir.« Welches denn mit großer Freude von mir geschah.

Zelters Brief lag noch auf dem Tische. »Es ist wunderlich, gar wunderlich, sagte Goethe, wie leicht man zu der öffentlichen Meinung in eine falsche Stellung gerät! – Ich wüßte nicht, daß ich je etwas gegen das Volk gesündigt, aber ich soll nun ein- für allemal kein Freund des Volkes sein. Freilich bin ich kein Freund des revolutionären Pöbels, der auf Raub, Mord und Brand ausgeht, und hinter dem falschen Schilde des öffentlichen Wohles nur die gemeinsten egoistischen Zwecke im Auge hat. Ich bin kein Freund solcher Leute, ebensowenig als ich ein Freund eines Ludwigs des Funfzehnten bin. Ich hasse jeden gewaltsamen Umsturz, weil dabei ebensoviel Gutes vernichtet, als gewonnen wird. Ich hasse die, welche ihn ausführen, wie die, welche dazu Ursache geben. Aber bin ich darum kein Freund des Volkes? – Denkt denn jeder rechtlich gesinnte Mann etwa anders?«

»Sie wissen, wie sehr ich mich über jede Verbesserung freue, welche die Zukunft uns etwa in Aussicht stellt. Aber, wie gesagt, jedes Gewaltsame, Sprunghafte, ist mir in der Seele zuwider, *denn es ist nicht naturgemäß.*«

»Ich bin ein Freund der Pflanze, ich liebe die Rose, als das Vollkommenste, was unsere deutsche Natur als Blume gewähren kann; aber ich bin nicht Tor genug, um zu verlangen, daß mein Garten sie mir schon jetzt, Ende April, gewähren soll. Ich bin zufrieden, wenn ich jetzt die ersten grünen Blätter finde; zufrieden, wenn ich sehe, wie ein Blatt nach dem andern den Stengel von Woche zu Woche weiter bildet; ich freue mich, wenn ich im Mai die Knospe sehe, und bin glücklich, wenn endlich der Juni mir die Rose selbst in aller Pracht und in allem Duft entgegen reicht. Kann aber Jemand die Zeit nicht erwarten, der wende sich an die Treibhäuser.«

FA II.12, S. 558f.

Eckermann, Gespräche mit Goethe
1. Mai 1825

»Wissen Sie was? versetzte Goethe, mit einem geheimnisvollen Lächeln. Ich glaube, ich habe etwas für Sie, das Ihnen nicht unlieb wäre. Was dächten Sie, wenn wir zusammen hinuntergingen und ich Ihnen einen echten Baschkirenbogen in die Hände legte!«

Einen Baschkirenbogen? rief ich voll Begeisterung, und einen echten? –

»Ja, närrischer Kerl, einen echten! sagte Goethe. Kommen Sie nur.«

Wir gingen hinab in den Garten. Goethe öffnete das untere Zimmer eines kleinen Nebengebäudes, das auf den Tischen und an den Wänden umher mit Seltenheiten und Merkwürdigkeiten aller Art vollgepfropft erschien. Ich überlief alle diese Schätze nur flüchtig, meine Augen suchten den Bogen. »Hier haben Sie ihn, sagte Goethe, indem er ihn in einem

Winkel aus einem Haufen von allerlei seltsamen Gerätschaften hervornahm. Ich sehe, er ist noch in demselbigen Stande, wie er im Jahre 1814 von einem Baschkiren-Häuptling mir verehrt wurde. Nun? was sagen Sie!«

Ich war voller Freude, die liebe Waffe in meinen Händen zu halten. Es schien Alles unversehrt und auch die Senne noch vollkommen brauchbar. Ich probierte ihn in meinen Händen und fand ihn auch noch von leidlicher Schnellkraft. Es ist ein guter Bogen, sagte ich. Besonders aber gefällt mir die Form, die mir künftig als Modell dienen soll.

»Von welchem Holz, denken Sie, ist er gemacht?« sagte Goethe.

Er ist, wie Sie sehen, erwiderte ich, mit feiner Birkenschale so überdeckt, daß von dem Holz wenig sichtbar und nur die gekrümmten Enden frei geblieben. Und auch diese sind durch die Zeit so angebräunt, daß man nicht recht sehen kann, was es ist. Auf den ersten Anblick sieht es aus wie junge Eiche, und dann wieder wie Nußbaum. Ich denke es ist Nußbaum, oder ein Holz, das dem ähnlich. Ahorn oder Maßholder ist es nicht. Es ist ein Holz von grober Faser, auch sehe ich Merkmale, daß es geschlachtet worden.

»Wie wäre es, sagte Goethe, wenn Sie ihn einmal probierten! Hier haben Sie auch einen Pfeil. Doch hüten Sie sich vor der eisernen Spitze! sie könnte vergiftet sein.«

Wir gingen wieder in den Garten und ich spannte den Bogen. »Nun wohin?« sagte Goethe. Ich dächte, erst einmal in die Luft, erwiderte ich. »Nur zu!« sagte Goethe. Ich schoß hoch gegen die sonnigen Wolken in blauer Luft. Der Pfeil hielt sich gut, dann bog er sich und sauste wieder herab und fuhr in die Erde. »Nun lassen Sie mich einmal«, sagte Goethe. Ich war glücklich, daß er auch schießen wollte. Ich gab ihm den Bogen und holte den Pfeil. Goethe schob die Kerbe des Pfeiles in die Senne, auch faßte er den Bogen richtig, doch dauerte es ein Weilchen, bis er damit zurechte kam. Nun zielte er nach oben und zog die Senne. Er stand da, wie der Apoll, mit unverwüstlicher innerer Jugend, doch alt an Körper. Der Pfeil erreichte nur eine sehr mäßige Höhe und senkte sich wieder zur Erde. Ich lief und holte den Pfeil, »Noch einmal!« sagte Goethe. Er zielte jetzt in horizontaler Richtung den sandigen Weg des Gartens hinab. Der Pfeil hielt sich etwa dreißig Schritt ziemlich gut, dann senkte er sich und schwirrte am Boden hin. Goethe gefiel mir bei diesem Schießen mit Pfeil und Bogen über die Maßen. Ich dachte an die Verse:

> Läßt mich das Alter im Stich?
> Bin ich wieder ein Kind?

Ich brachte ihm den Pfeil zurück. Er bat mich, auch einmal in horizontaler Richtung zu schießen, und gab mir zum Ziel einen Fleck im Fensterladen seines Arbeitszimmers. Ich schoß. Der Pfeil war nicht weit vom Ziele, aber so tief in das weiche Holz gefahren, daß es mir nicht gelang, ihn wieder heraus zu bringen. »Lassen Sie ihn stecken, sagte Goethe, er soll mir einige Tage als eine Erinnerung an unsere Späße dienen.«

FA II.12, S. 572-574

Eckermann, Gespräche mit Goethe
11. April 1827

Ich ging diesen Mittag um ein Uhr zu Goethe, der mich vor
Tisch zu einer Spazierfahrt hatte einladen lassen. Wir fuhren
die Straße nach Erfurt. Das Wetter war sehr schön, die Korn-
felder zu beiden Seiten des Weges erquickten das Auge mit
dem lebhaftesten Grün; Goethe schien in seinen Empfin-
dungen heiter und jung wie der beginnende Lenz; in seinen
Worten aber alt an Weisheit.

»Ich sage immer und wiederhole es, begann er, die Welt
könnte nicht bestehen, wenn sie nicht so einfach wäre. Die-
ser elende Boden wird nun schon tausend Jahre bebaut und
seine Kräfte sind immer dieselbigen. Ein wenig Regen, ein
wenig Sonne, und es wird jeden Frühling wieder grün, und
so fort.« Ich fand auf diese Worte nichts zu erwidern und hin-
zuzusetzen. Goethe ließ seine Blicke über die grünenden Fel-
der schweifen.

FA II.12, S. 235f.

Eckermann, Gespräche mit Goethe
8. April 1829

Da das Wetter schön und die Sonne noch hoch am Himmel
war, so gingen wir ein wenig in den Garten hinab, wo Goethe
zunächst einige Baumzweige in die Höhe binden ließ, die zu
tief in die Wege herabhingen.

Die gelben Krokus blühten sehr kräftig. Wir blickten auf
die Blumen und dann auf den Weg, wo wir denn vollkommen

violette Bilder hatten. »Sie meinten neulich, sagte Goethe, daß das Grüne und Rote sich gegenseitig besser hervorrufe als das Gelbe und Blaue, indem jene Farben auf einer höheren Stufe ständen und deshalb vollkommener, gesättigter und wirksamer wären als diese. – Ich kann das nicht zugeben. Jede Farbe, sobald sie sich dem Auge entschieden darstellt, wirkt zur Hervorrufung der geforderten gleich kräftig; es kommt bloß darauf an, daß unser Auge in der rechten Stimmung, daß ein zu helles Sonnenlicht nicht hindere, und daß der Boden zur Aufnahme des geforderten Bildes nicht ungünstig sei. Überall muß man sich hüten, bei den Farben zu zarte Unterscheidungen und Bestimmungen zu machen, indem man gar zu leicht der Gefahr ausgesetzt wird, vom Wesentlichen ins Unwesentliche, vom Wahren in die Irre, und vom Einfachen in die Verwickelung geführt zu werden.«

FA II.12, S. 345

O. M. v. Stackelberg an
A. Kestner und E. Gerhard
29. Januar 1830

Sein Leben in Weimar ist durchaus nicht, wie es sein sollte. Er bringt [es] fast immer auf dem kleinen hübschen Landhause im Park zu, wo er mir wie Rousseau erschien, abgeschieden von der Welt, nur in sich selbst lebend und durch Journale und Zeitungen von allen Gegenden dem Lauf der Begebenheiten und der Entwicklung des Geistes zusehend, indem er seine eigenen Sachen sammelt und zu der Cottaischen Herausgabe fördert. So ist er denn vielfältig beschäftigt und pflanzt im Frühjahr selber seine Malven von allen bunten Farben, die, wie er selbst sagte (in ihren bunten Röcken an hohen Stökken hinaufgezogen), Schildwache bei seinem Spaziergange halten.

GG III.2, S. 447f.

Eckermann, Gespräche mit Goethe
27. März 1831

Wir gingen nach Tisch ein wenig im Garten auf und ab und hatten unsere Freude an den blühenden weißen Schneeglöckchen und gelben Krokus. Auch die Tulpen kamen hervor und wir sprachen über die Pracht und Kostbarkeit der holländischen Gewächse solcher Art. »Ein großer Blumenmaler, sagte Goethe, ist gar nicht mehr denkbar; es wird jetzt zu große wissenschaftliche Wahrheit verlangt, und der Botaniker zählt dem Künstler die Staubfäden nach, während er für malerische Gruppierung und Beleuchtung kein Auge hat.«

FA II.12, S. 476

Weimar, 15. März 1832
An Joseph Sebastian Grüner

Lassen Sie mich also jetzt, da die wiederkehrende Sonne das Frühjahr ankündigt, auf Ihre Zuschrift einiges erwidern, mit welcher Sie mich in den tiefen Wintertagen erfreut haben.

Zuvörderst will ich großen Dank an Herrn Professor Dietrich abstatten für die übersendete Dissertation, worin ich die Einführung meiner Farbenlehre in die Reihe der übrigen physikalischen Kapitel auf das freundlichste anzuerkennen hatte. Es ist dieses ganz in meinem Sinne und meinem älteren Wunsch nach bequem; denn die Natur wird allein verständlich, wenn man die verschiedensten isoliert scheinenden Phänomene in methodischer Folge darzustellen bemüht ist; da man denn wohl begreifen lernt, daß es kein Erstes und Letztes gibt, sondern daß alles, in einem lebendigen Kreis eingeschlossen, anstatt sich zu widersprechen, sich aufklärt und die zartesten Bezüge dem forschenden Geiste darlegt. Möge mir ein solcher Anteil auch bei Ihnen und den werten geistverwandten Männern immerfort lebendig und wirksam verbleiben.

FA II.11, S. 540f.

Weimar, 22. März 1832, Goethes Todestag, Bericht von C. W. Coudray

Gegen 9 Uhr verlangte Goethe Wasser mit Wein zum Trinken, und als ihm solches dargereicht wurde, sah ich, wie er sich im Sessel ohne alle Hülfe aufrichtete, das Glas faßte und solches in drei Zügen leer trank. Er rief sodann seinen Schreiber John herbei, und unterstützt von diesem und Friedrich richtete er sich von dem Sessel empor. Vor demselben stehend, fragte er, welchen Tag im Monat man zähle? Auf die Antwort – den 22. März – sagte er: »Also hat der Frühling begonnen, und wir können uns dann um so eher erholen.« Ich kann nicht beschreiben, welch freudigen Eindruck diese Worte auf mich machten. Er setzte sich wieder in den Armstuhl und verfiel in einen sanften Schlaf mit fortgesetzten Träumen, denn er sprach in abgebrochenen Worten vieles, unter anderm: »Seht den schönen weiblichen Kopf, mit schwarzen Locken, in prächtigem Kolorit auf dunklem Hintergrunde«, und später: »Friedrich, gib mir die Mappe da mit den Zeichnungen.« Da keine Mappe, sondern ein Buch vor ihm lag, reichte ihm Friedrich solches, aber Goethe wiederholte: »Nicht dies Buch, sondern die Mappe.« Und als hierauf der Diener versicherte, daß keine Mappe vorhanden sei, sagte Goethe scherzend: »Nun, so war's wohl ein Gespenst.«

FA II.11, S. 560f.

Siglenverzeichnis

FA   Frankfurter Ausgabe. J.W. Goethe, Sämtliche Werke, Briefe, Tagebücher und Gespräche. 40 Bde., hg. von F. Apel u. a., Frankfurt am Main 1985-2013.

GG   Goethes Gespräche. Eine Sammlung zeitgenössischer Berichte aus seinem Umgang. Auf Grund der Ausgabe des Nachlasses von Flodoard Freiherrn von Biedermann ergänzt und hg. von Wolfgang Herwig, München 1988.

WA   Weimarer Ausgabe. Goethes Werke, 143 Bde., hg. im Auftrag der Großherzogin Sophie von Sachsen, Weimar 1887-1919.

Nachwort

Es wäre nicht sonderlich übertrieben zu sagen, dass es das Frühjahr 1771 war, das Goethe die Entdeckung seiner eigenen Sprache geschenkt hat. Der 21-jährige Student der Rechte hatte in Sesenheim (bei Straßburg) in Friederike Brion eine große Liebe gefunden, die sich in einem völlig neuen Ton der Lyrik Bahn brach. Etwa im berühmten *Mailied*, »Wie herrlich leuchtet/Mir die Natur!/Wie glänzt die Sonne!/Wie lacht die Flur!« Der Genuss der Frühlingsluft, der erste Aufenthalt im Garten – sie verkörpern für Goethe das Aufatmen der Natur, das ein Ereignis der Farben und des Lichtes war und zugleich in eine Sprache umgesetzt wurde, die bei Friederike Brion ganz anders ausfiel als bei Lili Schönemann, anders bei Charlotte von Stein oder später bei Marianne von Willemer. Die Sprache der Liebe umfasst dabei irdisch-humoristische Töne, etwa gegenüber Christiane Vulpius, Goethes späterer Frau, wie auch die göttliche Sphäre. Das biblische Pfingstwunder der Sprachbegabung hat ihn immer wieder beschäftigt, er feiert es am Beginn des Tierepos' *Reineke Fuchs*, aber auch in dem Märchen *Der neue Paris*, in welchem die Nacht vor Pfingsten zu einer dichterischen Berufung wird. Und sogar noch die antike Götterwelt ruft der Frühling herauf, etwa im *Ganymed*-Gedicht.

Goethe hat zeit seines Lebens den Wechsel der Jahreszeiten aufmerksam verfolgt und daraus die Zuversicht wiederkehrender Erfahrungen, von Erinnerungen und Hoffnungen geschöpft. »Ach, Natur, wie sicher und groß in allem erscheinst du!/Himmel und Erde befolgt ewiges, festes Gesetz,/Jahre folgen auf Jahre, dem Frühling reichet der Sommer/Und dem reichlichen Herbst traulich der Winter die Hand«, heißt es in der Elegie *Euphrosyne*. Aber diese von genauer Kenntnis wie von Gelassenheit geprägte Einstellung bedeutet ferner, dass jede Jahreszeit in ihrer Besonderheit wahrgenommen werden muss. »Wollte man«, so heißt es in einer verworfenen Vorrede zum dritten Band der großen Autobiographie, »die Herrlichkeit des Frühlings und seiner Blüten nach dem wenigen Obst berechnen, das zuletzt von den Bäumen genommen wird, so würde man eine sehr unvollkommene Vorstellung jener lieblichen Zeit haben« (WA I.28, S. 358). Dass vom Frühling nicht die Ernte erwartet werden kann, sondern dass sein Anteil die Blüte – vor der Frucht – ist, bedenkt Goethe immer wieder, nicht zuletzt als ein Kenner des Gartens. Nicht nur eine Fülle von Blumen – von Schneeglöckchen und Krokus über Märzenbecher bis zu den Tulpen – wächst gleichsam in seinen Texten heran, sie spiegelt, in privaten Briefen wie in Dankesschreiben, die Entwicklung des Gemüses, etwa der geliebten Spargel, oder auch das Verhalten der Vögel: »den hielt ich für den geschicktesten Gärtner, der für jede Epoche jeder Pflanze die erforderliche Wartung verstünde« (FA I.18, S. 132).

Das Erwachen der Natur wird zu Schlüsselszenen der literarischen Texte, Werthers Brief vom 10. Mai oder der Osterspaziergang aus dem *Faust* gehören zu den bekannten Darstellungen. In den *Wanderjahren* wird ein Pfingsttag zur Katastrophengeschichte. Dass aber auch viele Nebenwerke, gelegentliche Äußerungen und Gesprächsberichte, etwa über den alten Goethe, noch unsere Augen öffnen und frische Luft hereinlassen, soll diese Anthologie verdeutlichen. Der Frühling ist die Jahreszeit zahlreicher Episoden und Anekdoten, im Garten und im Gartenhaus, mit Kindern an Ostern, mit Eckermann beim Bogenschießen, oder wenn er das jahrzehntelange Wachstum der (von ihm gepflanzten) Bäume bedenkt.

Aber die geordnete Welt der Natur, der Kosmos, ist nicht identisch mit dem schwankenden Schicksal, das den Menschen ereilt, ja die Natur selbst ist keine Garantie ungestörter Entwicklung. Das natürliche Wachstum kann unter- oder gar abgebrochen werden, und Goethe hat auch diese Seiten der Erfahrung immer wieder bedacht. Der Gestaltenwandel, die Metamorphose, gelingt nicht immer – »ja wie viele Früchte fallen schon vor der Reife durch mancherlei Zufälligkeiten, und der Genuß, den man schon in der Hand zu haben glaubt, wird vereitelt« (WA I.28, S. 357). Das Frühjahr nimmt Goethe somit als ein Versprechen wahr, das nicht immer eingehalten wird und das deshalb auch nicht eingefordert werden kann. Das wird aus Gedichttiteln wie *Frühzeitiger Frühling*, *Frühlingsorakel* oder *Frühling über's Jahr* deutlich. Diese zeitliche Spannweite des Frühlings fängt Goethe zuletzt, im höchsten Alter, noch einmal in einem sehr weiten Spiegel ein, indem er die Jahreszeiten als »chinesisch-deutsche« Begegnung darstellt:

> Ziehn die Schafe von der Wiese,
> Liegt sie da, ein reines Grün,
> Aber bald zum Paradiese
> Wird sie bunt geblümt erblühn.
>
> Hoffnung breitet leichte Schleier
> Nebelhaft vor unsern Blick:
> Wunscherfüllung, Sonnenfeier,
> Wolkenteilend bring' uns Glück. (FA I.2, S. 695f.)

Mathias Mayer und Gisela Barth

Inhalt

Goethes schönste Gedanken über den Sommer

Der Sommer ist für Goethe die »gute Jahreszeit«, in der er die Fülle der Natur erfährt.

Das Licht der langen Tage, im Glück der italienischen Reise noch einmal gesteigert, wird in vielen Zeugnissen poetisch gefeiert. Zum Leben in seiner intensivsten Gestalt gehören der Reiz der Sommernächte wie auch das drohende Gewitter und der versöhnende Regenbogen.

Immer wieder ist es die »herrliche Sonne«, die bis ins hohe Alter bedichtet, immer wieder die Rose, die als Symbol der Liebe, der Schönheit und Verschwiegenheit beschworen wird.

Johann Wolfgang Goethe. Sommer. Herausgegeben von Mathias Mayer. insel taschenbuch 4634. 150 Seiten

Johann Wolfgang Goethe
HERBST

Goethes schönste Gedanken, Gedichte und Texte über den Herbst

Die zuverlässige Wiederkehr der Jahreszeiten ist für Goethe ein wichtiger Faktor der Stabilität. In persönlichen Texten wie dem Brief oder dem Tagebuch, in autobiographischen Erzählwerken, aber auch in der Lyrik und in den Romanen spielen die Jahreszeiten eine höchst erstaunliche Rolle. Der Herbst ist für ihn die Jahreszeit der Reisen, manchmal des Schreibens, nicht selten des Weines, aber natürlich auch der reifenden Natur gewesen, die er in seiner Jugend, in Weimar oder in Italien jeweils anders erlebt hat. Zuletzt ist der Herbst des Alters für den Menschen und den Naturforscher Goethe ein Thema gewesen.

Johann Wolfgang Goethe. Herbst. Herausgegeben von Mathias Mayer. insel taschenbuch 4607. 163 Seiten

Goethes schönste Gedanken, Gedichte und Texte über den Winter

Goethe hat dem Winter erstaunlich viel abgewinnen können. Als leidenschaftlicher Eisläufer begegnet er uns immer wieder, der Mond am Winterhimmel fesselt ihn im Norden wie im Süden, und er hat die riskante »Harzreise im Winter« als eine Art Orakel über seinen weiteren Weg unternommen. Der Wechsel zwischen dem Rückzug ins Haus und dem geselligen Austausch, zwischen dem Schnee und der endlich durchbrechenden Sonne gibt der dunklen Zeit einen besonderen Rhythmus. In kleinen Szenen und Erzählungen, in Gedichten, Tagebucheinträgen, Briefen und Gesprächen zeigt Goethe den Winter als eine ebenso faszinierende wie reichhaltige Jahreszeit.

Johann Wolfgang Goethe. Winter. Herausgegeben von Mathias Mayer. insel taschenbuch 4608. 123 Seiten

Mit Johann Wolfgang Goethe durchs Jahr

»Das Unmögliche behandeln, als wenn es möglich wäre!«

Dieser immerwährende Kalender versammelt anregende und unterhaltsame Gedanken und Gedichte von Johann Wolfgang Goethe für jeden Tag – sorgfältig abgestimmt auf Jahreszeiten und Feiertage. Illustriert mit Zeichnungen des Dichters, versehen mit wichtigen Daten aus Goethes Leben und Werk und mit Platz für eigene Notizen bietet dieser Kalender alles, was man braucht. Der perfekte Begleiter durchs ganze Jahr!

Johann Wolfgang Goethe. Salve! 365 Tage mit Goethe.
Herausgegeben von Joachim Seng. insel taschenbuch 4157.
264 Seiten